NEW YORK STYLE

BOTTLE COOKING

쉽고 편하고 건강한 보틀 쿠킹 레시피 81가지

NEW YORK STYLE
BOTTLE COOKING

오영제 지음

THINGS YOU NEED FOR BOTTLE COOKING

_ fresh ingredients

_ a little effort

_ a few bottles

| **일러두기** | 레시피에서 1컵은 200㎖, 1큰술은 15㎖, 1작은술은 5㎖를 기준으로 합니다.

쉽고, 편하고, 건강한
보틀 쿠킹의 매력

뉴욕은 온갖 푸드 트렌드를 한자리에서 만날 수 있는 곳이에요. '섹스 앤드 더 시티'의 그녀들이 즐겨 먹던 매그놀리아 베이커리의 컵케이크, 겹겹이 쌓아 올린 레이어가 부드럽게 녹아내리는 레이디 M의 생크림 크레이프, 1시간 줄 서는 건 기본이라는 쉐이크쉑 햄버거……. 최근 몇 년 동안 우리나라를 뜨겁게 달군 먹거리의 시작 역시 모두 뉴욕에서였지요. 이런 뉴요커들이 요즘 가장 열광하는 음식을 꼽으라면 단연 '건강식'입니다. 정신없이 돌아가는 도시 생활에 지친 몸을 달래기 위해 일터에서 벗어난 뉴요커들은 자연에서 건강하게 자란 음식을 먹고 천천히 명상하기를 즐깁니다. 덕분에 제철 식재료를 입맛대로 디자인해 만드는 샐러드 바, 몸의 해독을 돕는 착즙 주스 가게를 동네 곳곳에서 발견할 수 있지요. 먹거리를 고르는 데에도 무척이나 깐깐해서 굳이 전문 레스토랑을 찾지 않더라도 베지테리언, 글루텐프리, 로푸드, 팔레오 등 다양한 식습관에 맞는 음식들을 일상에서 쉽게 접할 수 있어요. 햄버거와 스테이크, 바비큐가 넘쳐나는 육식주의자들의 나라 미국이지만 유독 뉴욕에서만큼은 놀랍도록 많은 채식주의자를 만날 수 있답니다. 최근에는 식물 단백질과 채소를 주재료로 요리하는 '플랜트 베이스드 쿠킹'이 새로운 트렌드 키워드로 떠올랐지요.

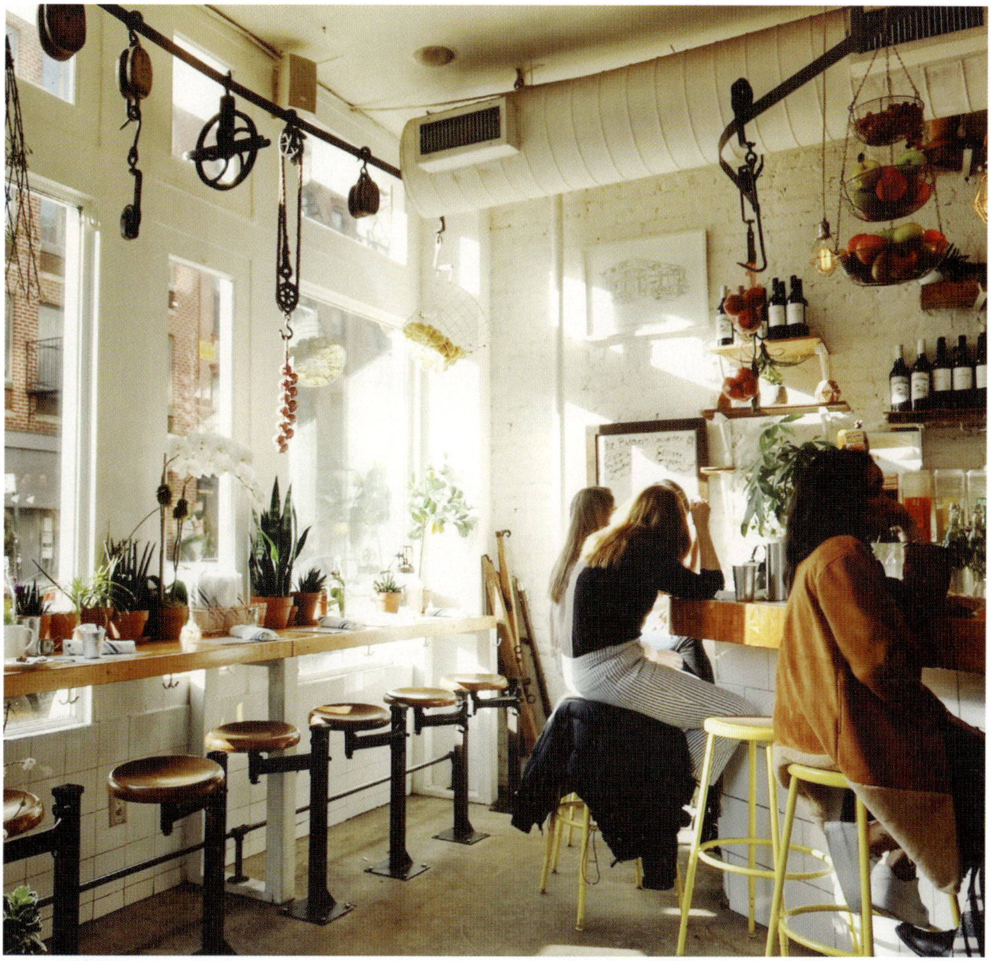

100% COLD-PRESSED JUICE
Made in-house WITH DAILY
COLOR BY NUMBERS!
LET'S CHILL
Air Baked FRIES
HEY, WHAT'S UP buttercup
Try Our.. FRUIT SMOOTHIES
by CHLOE.
Juice by CHLOE.
12 FL OZ (355ML)

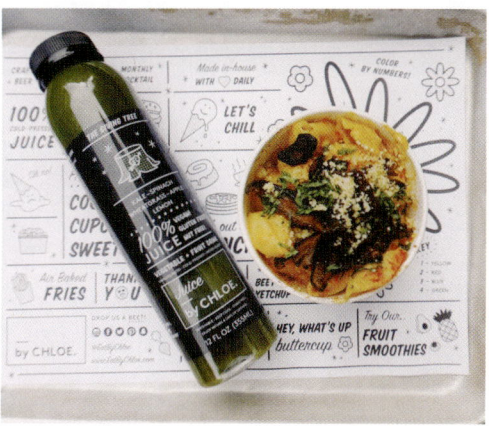

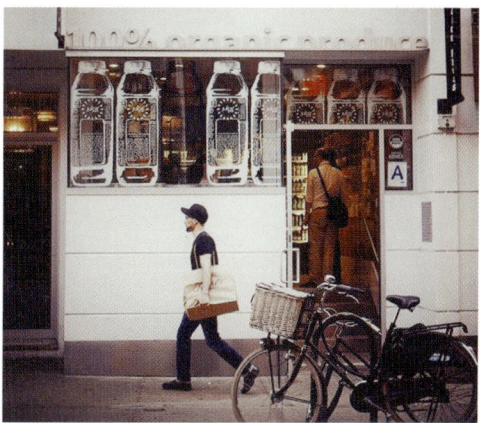

INFUSED WATER
STRAWBERRY LEMON & BASIL

GREENMARKET
Kennebec $1/lb.
starchy, crumbly, earthy, white flesh
Legendary heirloom
bake, boil, mash
Magic Molly $4/lb.
starchy, hearty, complex, purple-fleshed fingerling
Bake or Roast
German Butterball $4/lb.

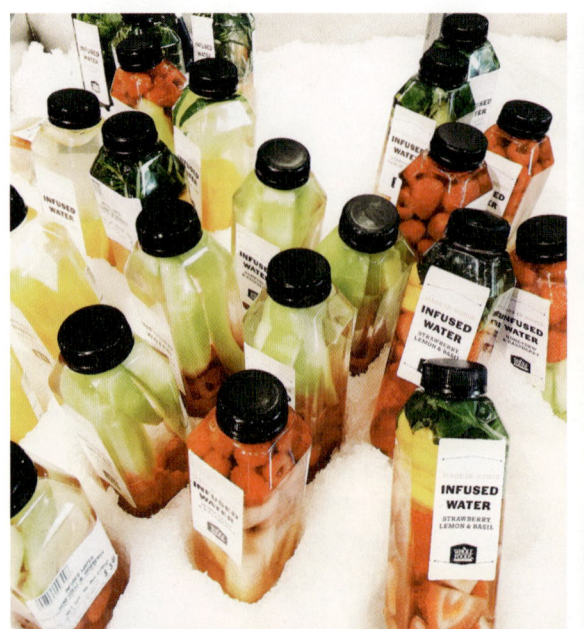

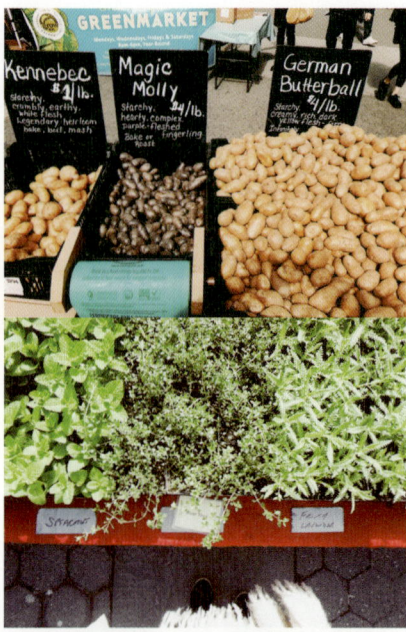

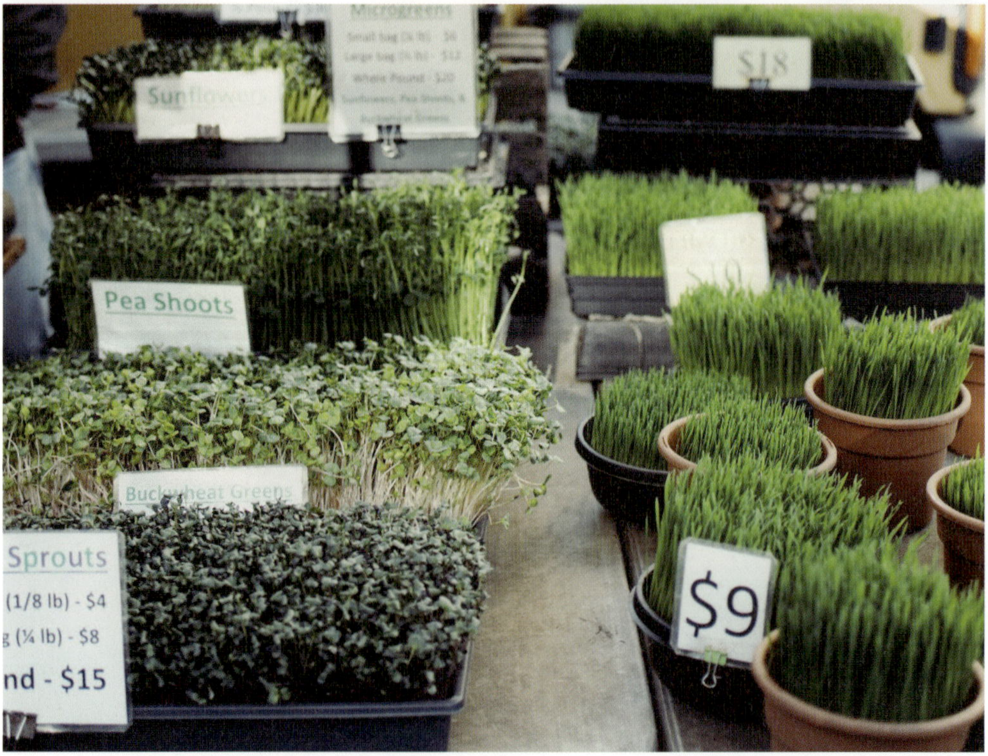
Microgreens
Sunflowers
$18
Pea Shoots
Buckwheat Greens
Sprouts
(1/8 lb) - $4
g (¼ lb) - $8
nd - $15
$9

뉴욕 곳곳에서는 건강에 관심 많은 뉴요커들과 인근 레스토랑의 유명 셰프들이 즐겨 찾는 파머스 마켓이 열리기도 해요. 뉴욕 인근에서 재배되는 농산물을 지역 농부들이 직접 들고 나와 판매하는 파머스 마켓은 신선한 제철 농산물을 비교적 저렴한 가격에 살 수 있다는 것이 장점이에요. 생산자가 직접 판매하는 채소, 과일뿐 아니라 꿀이나 핸드메이드 파이, 빵 등도 살 수 있어요.

이렇게 건강에 관심 많은 뉴요커들의 가방에서 가장 흔하게 볼 수 있는 것이 바로 크고 작은 '병'에 담긴 음식들이에요. '메이슨 자(Mason Jar)'로 대표되는 이 병의 쓰임은 정말 무궁무진하답니다. 흔히 생각하는 피클이나 병조림을 담는 용도 외에도 음료를 담아서 다니는 텀블러로, 간편한 점심 도시락으로, 칵테일이나 드레싱을 만드는 셰이커로 다양하게 활용되지요.
병 요리의 장점이라면 원하는 모든 종류의 재료를 병 하나에 담으면 된다는 데 있어요. 일주일 치 재료를 한 번에 손질해 냉장고에 정리해 두고 먹을 때마다 하나씩 꺼내 쓰면 되니 참 간편하지요. 일회용품 사용이 줄게 되니 환경을 생각하는 요리이기도 하고요. 바쁘게 사는 요즘 사람들, 또는 저처럼 귀찮은 걸 엄청 싫어하지만 건강하게 살고픈 게으른 환경주의자들에게 안성맞춤인 요리랍니다.

주방 한구석에 작은 사이즈의 미니 블렌더를 갖춰 두면 보틀 쿠킹을 좀 더 편하게 할 수 있어요. 제니퍼룸 미니 블렌더 제공

다양한 사이즈, 다양한 쓰임의 보틀 활용법

병에는 다양한 사이즈가 있지만 주로 4oz(약 120㎖), 8oz(약 250㎖), 16oz(약 500㎖), 24oz(약 750㎖), 32oz(약 1ℓ)를 사용해요. 용도에 따라 적당한 크기를 골라 쓰는데, 한 손에 잡히는 8oz 병은 휴대가 간편해 컵처럼 쓰기 좋고, 16oz와 32oz 병은 점심 도시락을 담아서 다니기에 적당하답니다. 가볍게 먹는 샐러드는 16oz 병에, 제대로 든든하게 즐기는 점심이나 누들처럼 국물을 부어야 하는 요리는 32oz 병에 담습니다. 4oz 병은 주로 디저트 컵으로 이용해요. 설탕이나 소금, 각종 양념을 담아 두는 컨테이너로 활용하기에도 그만이지요. 길쭉한 24oz 병은 베이비 오이나 아스파라거스처럼 길쭉한 재료를 통째 피클로 만들 때 쓰기 좋아요. 스파 워터를 만들 때는 24oz, 32oz, 64oz 병을 두루두루 활용하는데 주로 64oz 병에 만들어 냉장고에 두고, 24oz 병에 담아 들고 다니며 온종일 마시지요.

한 가지 팁을 더 드리면 피클, 콩포트, 식초와 같은 저장식을 만들 땐 먼저 병을 열탕 소독한 다음 바짝 말려 사용해야 음식의 보관 기간을 늘릴 수 있답니다. 단, 끓는 물에 갑자기 넣는 게 아니라 처음부터 냄비에 물과 병을 같이 넣고 중간 불에 끓여야 병에 금이 가거나 깨지는 것을 방지할 수 있어요. 보글보글 물이 끓으면 5분 정도 더 두었다가 건진 후 자연건조시킵니다. 물이 끓을 때 병이 냄비 바닥에 부딪히는 게 걱정이라면 바닥에 면포를 깔고 병을 담그시고요.

자, 그럼 쉽고, 편하고, 건강한 보틀 쿠킹, 지금부터 함께 시작해 볼까요?

contents

006 쉽고, 편하고, 건강한 보틀 쿠킹의 매력
010 다양한 사이즈, 다양한 쓰임의 보틀 활용법

Pantry

CHAPTER 1
미리 알아 두면 좋은 보틀 쿠킹 재료

020 곡류, 씨앗류, 콩류
022 허브
024 향신료
026 식물성 우유
028 슈퍼푸드 파우더
030 단맛을 더하는 재료들

Drinks in Jars

스파 워터 / 스무디

CHAPTER 2
몸을 가볍게 해주는 보틀 드링크

Spa Water

038 오이 라임 민트 워터
040 라즈베리 바질 레몬 워터
042 자몽 오렌지 할라페뇨 워터
044 석류 로즈메리 워터
046 파인애플 코코넛 워터
048 레몬 생강 워터
050 수박 키위 로즈메리 워터

Smoothies

- 054 파워 업 에너지 스무디
- 056 베지 스무디
- 058 하와이안 스무디
- 060 시트러스 프레시 스무디
- 062 그린 클렌징 스무디
- 064 녹차 그린 스무디
- 066 비타민 믹스베리 스무디

Meals in Jars

스무디 볼 / 오트밀 /
샐러드 / 라이스 / 누들

CHAPTER 3

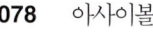

한 끼 식사로 좋은 든든한 보틀 요리

Smoothie Bowls

- 078 아사이볼
- 080 트로피컬 코코넛 스무디 볼
- 082 믹스 베리 비타민 스무디 볼
- 084 슈퍼푸드 스무디 볼
- 086 머메이드 스무디 볼

Over-night Oatmeal

- 090 오트밀 베이스
- 092 블루베리 오트밀
- 094 바나나 코코넛 오트밀
- 096 당근 케이크 오트밀
- 098 코코아 헤이즐넛 오트밀
- 100 오렌지 마멀레이드 오트밀

Bottle Salads

- 105 코브 샐러드
- 107 후무스 퀴노아 그린 볼
- 109 병아리콩 브로콜리 샐러드
- 111 구운 채소 렌틸콩 샐러드
- 113 보틀 카프레제 샐러드
- 115 새우 파스타 샐러드

Bottle Rice

- 119 홈메이드 후리가케 보틀 라이스
- 121 참치 포케 볼
- 123 비트 통보리 샐러드
- 125 퀴노아 부다 볼
- 127 아보카도 명란 밥

Cup Noodles

- 131 버미셀리 누들 샐러드
- 133 홈메이드 인스턴트 미소 누들
- 135 애호박 누들 파스타
- 137 치킨 소바 비빔면
- 139 비트 파스타

CHAPTER 4

보틀에 담아 두고 먹는 저장식 요리

드레싱 / 스프레드 / 피클 /
콩포트 / 인퓨즈드 오일 / 인퓨즈드 식초

Bottle Dressings

- 151 랜치 드레싱
- 153 비건 허니 머스터드
- 155 지중해식 올리브 드레싱
- 157 발사믹 드레싱
- 159 아보카도 와사비 마요
- 161 안초비 시저 드레싱
- 163 매콤 미소 드레싱

Spreads

- 167 시금치 페스토
- 169 연어 리예트
- 171 후무스
- 173 비트 후무스
- 175 당근 후무스
- 177 아몬드 버터
- 179 에스프레소 너트 버터
- 181 비건 누텔라

Pickles

- 185 콜리플라워 방울양배추 피클
- 187 고추 파프리카 피클
- 189 스파이시 오이 피클
- 191 래디시 피클
- 193 양파 샬럿 발사믹 피클
- 195 아스파라거스 피클

Compotes

- 199 배 꿀 콩포트
- 201 복숭아 콩포트
- 203 포도 콩포트
- 205 오렌지 생강 콩포트
- 207 애플 시나몬 콩포트
- 209 고구마 콩포트
- 211 믹스 베리 콩포트

Infused Oils

- 214 갈릭 허브 오일
- 216 바질 오일
- 218 타임 로즈메리 오일
- 220 스파이시 오일
- 222 당근 오일
- 224 호두 오일
- 226 타이고추 피시소스

Infused Vinegars

- 230 블루베리 식초
- 232 레몬 로즈메리 식초
- 234 파인애플 식초
- 236 바나나 식초
- 238 타라곤 식초

NEW YORK STYLE BOTTLE COOKING | CHAPTER 1

- Grains & Seeds & Beans
- Herbs
- Spices
- Plant-based Milk
- Superfood Powders
- Sweeteners

Pantry

| 미리 알아 두면 좋은 **보틀 쿠킹 재료** |

in the pantry

'뉴욕 스타일 보틀 쿠킹'은 현재 세계의 푸드 트렌드를 이끌고 있는 뉴욕에서 인기가 많은 건강식 요리를 모두 모아 소개했어요. 식물 단백질과 채소를 주재료로 하는 '플랜트 베이스드 쿠킹'을 기본 조리법으로 하여 '스파 워터', '스무디'처럼 트렌디한 디톡스 음료, 하루 세 끼 식사로 좋은 '스무디 볼', '오버나이트 오트밀', '샐러드 볼', '포케 볼', '컵 누들', 그리고 요리에 감칠맛을 더하는 각종 '드레싱'과 페스토, 리에트, 후무스, 너트 버터 등 '스프레드', '핸드메이드 피클'과 '인퓨즈드 오일', '인퓨즈드 식초', 디저트로 좋은 '콩포트'까지 다양한 요리를 담았지요. 플랜트 베이스드 쿠킹의 핵심은 영양 밸런스를 고려해 채소와 과일, 콩, 곡류, 견과류 등의 '건강한' 식재료를 두루 사용하는 거예요. 주로 제철에 생산되고, 가공되지 않은, 본래의 영양이 그대로 살아있는 재료들을 사용하지요. 쉽게 말해 정제된 밀가루, 설탕 등을 사용해 만든 요리는 베지테리언 쿠킹은 될 수 있어도 플랜트 베이스드 쿠킹은 아니에요.
여기에서는 기본적인 채소, 과일 외에 '보틀 쿠킹'에 사용된 여러 재료들을 소개합니다. 입맛과 취향, 상황에 따라 재료는 바꾸거나 가감할 수 있으니 부담 없이 시작하세요.

기본이 되는 탄수화물과 단백질

오트밀은 조금만 먹어도 포만감이 오래 지속되고 단백질과 식이섬유가 풍부한 것은 물론 콜레스테롤 수치를 조절해주는 건강한 탄수화물이에요. 병아리콩, 렌틸콩, 퀴노아는 탄수화물 섭취를 줄이고 싶을 때 훌륭한 대안이 되어줍니다. '칙피(chickpea)', 또는 '이집트 콩'이라고도 불리는 병아리콩은 익히면 포슬포슬한 밤 맛이 나서 샐러드에 곁들이기 좋아요. 렌틸콩 역시 샐러드, 스튜, 수프 등에 두루두루 넣어 즐길 수 있고요. 퀴노아는 쌀과 섞어 밥을 지어도 되고, 그 자체를 조리해 밥처럼 활용해도 됩니다.

에너지를 더하는 재료들

플랜트 베이스드 쿠킹을 하려면 여러 종류의 씨앗과 친해져야 해요. 슈퍼푸드로 알려진 치아 시드, 헴프 시드 등은 고소한 견과류 맛이 나기 때문에 요구르트나 스무디, 시리얼, 샐러드 등에 한 숟가락씩 더해 즐길 수 있어요. 이 책에 소개된 어느 요리에나 더할 수 있지요.

'슈퍼푸드 파우더'는 미국 최대 식품업체인 홀푸드 마켓에서 발표한 2018년 식품 트렌드 중 하나예요. 건강에 좋은 여러 슈퍼푸드들을 가루 형태로 만든 것인데, 스무디나 샐러드, 수프 등에 한두 숟가락 더하기만 하면 돼요. 밀 싹 파우더, 스피룰리나는 스무디나 스무디 볼을 만들 때 더해 즐기면 좋고, 카카오 파우더 역시 주방에 갖춰 두면 각종 디저트에 유용하게 쓸 수 있어요.

맛과 향을 더하는 재료들

허브와 향신료는 요리에 고급스러운 풍미와 아로마를 더해주는 마법 같은 존재예요. 허브가 식물의 잎과 줄기 부분이라면 향신료는 껍질, 씨, 열매, 뿌리 등을 활용한 거지요. 조금만 사용해도 요리의 맛이 확 달라진답니다. 우리나라에서도 요즘은 여러 종류의 생 허브를 구하기가 쉬워졌지만 계절에 따라 생 허브를 구하기 어렵다면 드라이 허브를 사용해도 괜찮아요. 단, 말린 허브는 생허브보다 3배 정도 향이 강하기 때문에 생허브를 대신해서 쓴다면 양을 줄여야 합니다. 쓰기 전 칼등으로 툭툭 쳐주면 향기가 훨씬 강해져요.
설탕은 음식에 맛을 더해주는 존재이니 무조건 나쁘다고 할 수는 없지만 정제된 설탕을 많이 먹는 건 몸에 좋지 않지요. 그래서 개인적으로는 비정제 설탕이나 각종 과일로 만든 청으로 설탕을 대신하는 편입니다. 단, 백설탕을 쓸 때 보다 단맛이 덜하기 때문에 자칫 양을 늘려 쓸 수 있으니 양 조절에 주의하세요. 플랜트 베이스드 쿠킹에서는 비정제 설탕 외에 코코넛 슈가, 메이플 슈가, 아가베 시럽, 꿀 등을 주로 사용합니다.

우유를 대신하는 식물성 우유

플랜트 베이스드 쿠킹에는 우유를 대신해 콩, 아몬드, 캐슈너트, 쌀과 같은 곡류나 견과류를 사용해서 만든 식물성 우유들이 쓰여요. 본래 채식주의자, 또는 유당 소화가 어렵거나 알레르기를 가진 사람들이 찾던 것이었지만 최근 미국과 유럽에서는 포화 지방 및 콜레스테롤 과다 섭취에 대한 우려, 항생제 투여 문제 등으로 인해 우유를 대신하는 식물성 우유를 찾는 사람들이 늘고 있어요. 그 때문에 요즘은 카페나 마트에서도 여러 종류의 식물성 우유를 다양하게 갖추고 있답니다.

Grains & Seeds & Beans

오트밀 oatmeal
아침 식사로 즐겨 믹는 오트밀은 조금만 먹어도 포만감이 오래 지속하고 단백질과 식이섬유가 풍부한 것은 물론 콜레스테롤 수치를 조절해주는 건강 탄수화물이에요. 어떻게 가공했는가에 따라 귀리의 껍질만 벗긴 '오트 그로트(oat groat)', 껍질 벗긴 귀리를 예리하게 자른 '스틸 컷(steal cut)', 귀리를 쪄서 납작하게 압착한 '롤드 오트(rolled oat)' 등으로 나뉘어요.

헴프 시드 hemp seeds
헴프 시드는 대마 씨에서 환각 성분이 들어있는 껍질을 제거한 거예요. 단백질과 불포화 지방산, 비타민, 무기질이 풍부해 몇 년 전부터 슈퍼푸드로 각광받고 있지요. 조리하지 않고 그대로 먹거나 곡물과 견과류, 말린 과일 등을 섞어 그래놀라나 에너지 바로 만들어 즐깁니다.

아마 씨 flax seeds
아마 씨에는 식물성 에스트로젠의 일종인 리그난 성분이 석류의 400배가 넘게 들어있어요. 식이섬유가 풍부해 변비에도 효과적이고요. 비건 베이킹을 할 때 달걀을 대체하는 용도로 쓰기도 합니다. 아마 씨 가루는 그 자체로 밀가루를 대신해 사용되고요.

치아 시드 chia seeds
수분 흡수율이 높아 적은 양을 먹어도 포만감이 들고, 섬유질이 풍부해 다이어트에 좋아요. 불포화 지방산과 오메가3, 칼슘과 철분, 칼륨을 풍부하게 포함하고 있어요. 요구르트나 주스, 스무디, 시리얼 등에 한두 숟가락씩 섞어 먹거나 푸딩 등의 디저트로 만들어 즐기면 좋아요.

퀴노아 quinoa
맛과 식감이 곡류에 가깝기 때문에 일반적으로 곡물로 분류하지만, 식물학적으로는 씨앗에 속해요. 단백질 함량이 높고 섬유질과 우리 몸에 좋은 지방산이 풍부하게 들어있어요. 글루텐이 들어있지 않기 때문에 글루텐프리 쿠킹을 할 때도 사용되고, 쌀과 섞어 밥을 짓기도 합니다.

병아리콩, 렌틸콩 chick pea, lentils
'이집트 콩'이라고도 불리는 병아리콩은 익히면 포슬포슬한 밤 맛이 나 샐러드에 곁들이기 좋아요. 렌틸콩 역시 샐러드, 스튜, 수프 등에 두루두루 넣어 먹지요.

Herbs

세이지 sage | 향이 강해 주로 고기 요리를 할 때 많이 사용해요. 닭고기, 돼지고기는 물론 토끼 고기, 양고기같이 냄새가 강한 고기의 누린내를 잡아줍니다.

바질 basil | 페스토를 만들 때 기본이 되는 허브입니다. 이탈리아를 비롯한 지중해 요리와 태국 요리에 많이 쓰이지요. 토마토소스와도 궁합이 잘 맞아요.

로즈메리 rosemary | 짙은 향 덕에 요리나 차는 물론 천연 화장품이나 아로마요법의 재료로 활용됩니다. 살균과 산화 방지 효과가 있어 요리에 넣으면 재료의 신선도를 오래 유지할 수 있어요.

타라곤 tarragon | 타라곤(사철쑥)은 프랑스 요리에 빠지지 않고 쓰이는 허브예요. 식초로 담그 면 달콤하고 은은한 특유의 향이 근사합니다. 드레싱이나 소스를 만들 때 넣어도 좋아요.

타임 thyme | 향이 백 리를 갈 만큼 진하다고 '백리향'이라 불리기도 해요. 고기, 생선, 달걀할 것 없이 다양한 재료와 잘 어우러져 스튜, 수프, 찜 등 여러 요리에 활용한답니다.

민트 mint | 품종에 따라 모양과 향, 색이 다양한데 페퍼민트, 스피어민트, 애플민트 등이 많이 쓰 여요. 청량감이 느껴지는 향과 맛이 매력이지요.

딜 dill | 섬세하고 신선한 향이 나는 허브로 생선 요리에 잘 어울립니다. 북유럽과 러시아 요리에 많이 쓰이고, 하늘하늘한 모양이 예뻐 장식으로도 종종 사용됩니다.

고수 cilantro | 멕시코와 동남아시아 요리에 많이 사용하는데 서양에서는 잎보다 씨앗인 '코리 앤더'를 더 많이 사용합니다. 비슷하게 생긴 파슬리와는 달리 줄기째 사용하기도 합니다.

오레가노 oregano | 피자, 파스타 위에 뿌리는 바로 그 허브. 이탈리아, 그리스 등 지중해 요리 에 주로 사용하는데 토마토 소스와 찰떡궁합이에요.

생허브를 구하기 어렵다면 씨앗이나 모종을 사서 작은 화분에 직접 길러 보세요. 햇볕과 바람만 있다면 봄부터 가을에는 일주일에 한 번씩 수확이 가능할 만큼 좁은 창가에서도 잘 자라요.

Spices

카이엔 페퍼 cayenne pepper
카이엔 페퍼는 남미에서 자라는 톡 쏘는 매운맛을 가진 작은 고추예요. 장의 움직임과 신진대사를 활발하게 해 체중 감소에 효과적이라 알려지면서 디톡스 요리에 많이 사용되고 있어요.

시나몬 cinnamon
계수나무껍질로 만든 향신료예요. 시나몬 스틱은 1년, 파우더는 6개월 정도 두고 쓰는데 상태가 좋은 것은 항상 달콤한 냄새가 난답니다.

월계수잎 bay leaves
지중해 지역이 원산지인 월계수는 향기가 좋아 요리나 차, 향수의 원료로 사용하고 있어요. 신선한 잎이나 말린 잎을 요리에 넣어서 향신료로 사용해요.

팔각 star anise
별 모양의 열매로 향이 강해요. 때문에 중국 요리에서는 주로 고기를 이용한 찜, 조림 등에 넣어 누린내를 잡는 용도로 사용하지요. 서양에서는 차나 디저트에 사용해요.

강황 turmeric
강황은 우리가 즐겨 먹는 카레의 주성분이에요. 소염 작용과 함께 각종 질환을 예방하는 효과가 있어 고대에는 약으로 쓰였을 만큼, 식용과 약용을 겸하는 몸에 좋은 재료예요.

통후추 pepper
제조 과정에 따라 흰색, 검은색, 녹색, 붉은색으로 색이 달라집니다. 일반적으로는 검은 후추를 많이 쓰는데 흰 후추는 주로 국물 요리나 요리의 모양을 내는 데 쓰여요.

정향 clove
정향나무의 꽃봉오리를 말린 것으로, 크기는 작지만 무척 강한 향을 내요. 그 때문에 육류나 생선을 찌고 조릴 때 잡내를 없애는 용으로 함께 써요.

커민 cumin
중동 요리에 많이 사용되는 향신료로 케밥, 양꼬치 등에서 나는 특유의 향이 바로 커민 때문이에요. 강하면서 톡 쏘는 자극적인 향이 특징이지요.

Plant-based Milk

코코넛 밀크 coconut milk
코코넛 밀크는 잘 익은 코코넛의 과육을 짜서 얻은 즙으로 지방과 섬유질이 풍부해요. 각종 동남아 요리에 우유를 대신해서 많이 사용하지요. 캔에 담긴 형태로 판매되는 코코넛 밀크는 주로 요리에 사용하고, 팩에 들어있는 코코넛 밀크는 우유처럼 마실 수 있도록 조금 더 가벼운 질감을 가지고 있어요.

소이 밀크 soy milk
소이 밀크, 즉 두유는 우리나라를 비롯한 아시아권에서 오래전부터 사랑받는 음료예요. 콜레스테롤이 없고 단백질 함량이 높으며 불포화지방산을 다량 함유한 우유 대체품입니다. 마른 콩 1컵에 충분히 잠길 정도의 물을 붓고 8시간 이상 불린 다음 삶아 건지고, 물 3컵, 소금 1작은술과 함께 블렌더에 곱게 갈면 홈메이드 두유가 완성됩니다. 검은콩을 사용해 검은콩 두유를 만들어도 좋아요.

라이스 밀크 rice milk
쌀 우유는 콩이나 견과류에 알레르기가 있는 사람들을 위한 식물성 우유입니다. 저지방, 저열량이지만 현미를 사용하는 만큼 단백질보다 탄수화물 함량이 높은 것이 특징이에요. 현미 1컵을 마른 팬에 볶은 다음 하룻밤 물에 불렸다가 물 2컵, 소금 1작은술과 함께 갈면 구수한 맛의 라이스 밀크가 완성됩니다. 입맛에 따라 메이플 시럽, 꿀 등 원하는 종류의 감미료와 바닐라 등의 향신료를 더해도 됩니다.

아몬드 밀크 almond milk
가장 대표적인 식물성 우유예요. 시장점유율 또한 우유와 두유를 제치고 빠르게 성장하고 있지요. 하지만 시판 제품들은 아몬드 함량이 그다지 높지 않은 편이고 첨가물도 들어있으므로 가능하다면 직접 만들어 사용하는 게 좋아요. 만드는 방법은 어렵지 않아요. 생아몬드 1컵을 하룻밤 물에 불린 다음 2컵의 물과 함께 블렌더에 갈고 면포에 거르면 완성입니다. 아몬드 밀크를 거르고 난 찌꺼기 펄프는 소금과 약간의 밀가루, 메이플 시럽 등을 더해 쿠키로 구워도 맛있답니다. 캐슈 밀크도 캐슈너트를 이용해 같은 방법으로 만들 수 있어요.

Superfood Powders

카카오 파우더 cacao powder
카카오 열매에서 얻은 카카오 빈을 발효시켜 말려 볶은 후 껍질을 벗기고 잘게 부순 것을 '카카오 닙(cacao nib)'이라고 해요. 가공이 덜 된 만큼 섬유질과 철분 등 카카오 본연의 영양소가 풍부하지요. 카카오 닙을 갈면 걸쭉한 형태의 '카카오 메스'가 되고, 여기에서 유분인 카카오 버터를 짜내고 난 덩어리를 빻으면 우리가 알고 있는 카카오 파우더가 됩니다. 초콜릿은 카카오 메스에 설탕, 우유, 향료 등을 더해 만든 거예요.

밀 싹 파우더 wheat grass powder
주로 클렌즈 주스에 사용하는 밀 싹은 엽록소를 다량으로 함유해 해독작용을 도와주는 재료예요. 간과 장을 깨끗하게 하고 혈액을 맑게 해 피부 미용에도 탁월한 효과가 있지요. 밀 싹 파우더는 밀 싹 특유의 풋내와 씁쓸한 맛을 없애, 여러 요리에 활용하기 쉬워요.

아사이 베리 파우더 açaí berry powder
항산화 성분과 비타민, 필수 지방산이 풍부한 아사이 베리는 아마존 열대우림의 야자나무에서 자라는 열매예요. 모델 미란다 커, 배우 귀네스 팰트로가 즐겨 먹는다는 아사이볼 때문에 인기가 대단했지요. 열매의 80%가량이 딱딱한 씨앗으로 식용 가능한 부위가 많지 않고 쉽게 상하기 때문에 가루나 페이스트, 또는 주스 등으로 가공하여 사용해요.

마카 파우더 maca powder
'페루의 산삼'이라 불리는 마카는 비타민과 미네랄, 자양강장에 좋다고 알려진 필수아미노산인 아르지닌 등을 풍부하게 함유한 뿌리 식물이에요. 무의 친척뻘 되는 품종으로 생으로 먹기엔 다소 맵고 쌉싸름하기 때문에 주로 가루로 이용되고 있어요.

스피룰리나 spirulina
열대 지방에서 자라는 해조류로 UNFAO(유엔 식량농업기구)가 미래 식량으로 지정했을 정도로 영양가가 높은 식품이에요. 육안으로는 보기 어려운 미세 조류이기 때문에 주로 분말이나 알약 형태로 판매되지요. 단백질 함량이 높기로 손꼽히는 클로렐라보다도 단백질 함량이 높을 뿐더러 50가지 필수 영양소를 고루 갖추고 있어요.

Sweeteners

비정제 설탕 cane sugar
일반적으로 비정제 설탕이라고 하면 사탕수수에서 추출한 원당을 가리켜요. 가공되기 전의 풍부한 미네랄을 그대로 가지고 있는 것이 특징으로 일본의 흑당, 공정무역으로 유명해진 필리핀의 무스코바도 등이 대표적인 비정제 설탕이에요.

꿀 Honey
꿀은 맛이나 영양 면에서 나무랄 데 없는 훌륭한 감미료예요. 꿀벌이 어떤 꿀을 먹었는가에 따라 아카시아꿀, 유채꿀, 밤꿀 등으로 종류가 달라져요. 종류를 가리지 않고 다양한 꽃에서 채집한 꿀은 잡화꿀이라 불러요.

코코넛 슈가 coconut sugar
코코넛 나무의 꽃에 담긴 즙을 모아 달여 만든 천연 감미료예요. 비정제 설탕의 한 종류로 일반설탕에 비해 GI 지수가 1/3 수준으로 낮아요. 마그네슘, 아연, 철 등의 미네랄도 풍부하고요. 블론드와 브라운 두 가지 종류가 있는데 향이 없는 블론드는 설탕 대신 요리에 쓰기 좋아요.

메이플 시럽 maple syrup
단풍나무의 수액을 여러 번 끓여 만든 천연 감미료예요. 주로 캐나다와 미국 북부에서 나는데 나무 한 그루에서 추출할 수 있는 양이 많지 않고, 달콤한 맛이 나는 수액은 늦겨울에서 이른 봄까지만 수확할 수 있기 때문에 가격이 비싼 편이에요.

메이플 슈가 maple sugar
메이플 시럽을 오래 끓여 수분이 완전히 증발하고 남은 결정이에요. 비정제 설탕은 대개 정제 설탕에 비해 단맛이 덜한 편인데 메이플 슈가는 오히려 더 강한 단맛을 내요. 그래서 디저트나 베이킹에 사용하기 좋지요. 다만 설탕을 만드는 과정이 어려워서 가격이 비싼 편입니다.

아가베 시럽 agave syrup
멕시코에서 자라는 선인장의 뿌리에서 추출한 성분을 정제해 만든 감미료예요. 설탕에 비해 GI 지수와 열량이 낮고, 찬물에 잘 녹아 요리에 쓰기 좋아요. 하지만 과당 함량이 높은 편이기 때문에 너무 많은 양을 섭취하는 건 주의해야 합니다.

NEW YORK STYLE BOTTLE COOKING | **CHAPTER 2**

01_ Spa Water

02_ Smoothies

01 스파 워터

가장 간단하게 시작할 수 있는 병 요리는 레몬, 자몽, 라임과 같이 독소 제거를 돕는 과일과 채소, 허브에 물을 부어 만드는 스파 워터예요. 일반적으로 하루 2ℓ 정도의 물을 마셔야 좋다고 하는데, 생수 2ℓ를 마시기란 쉬운 일이 아니에요. 하지만 이렇게 과일이나 허브 성분을 우려낸 스파 워터는 맛이 좋아 2ℓ를 금세 비우게 된답니다. 주스를 마시는 것보다 훨씬 덜 부담스럽고요. 디톡스 스파 워터의 장점이라면 몸의 에너지를 높이고 수분 공급과 노폐물 배출에 도움을 준다는 점이에요. 미용과 건강에 좋은 것은 당연한 일이지요.

To make spa water at home

스파 워터는 채소와 과일을 껍질째 넣는 만큼 재료를 잘 씻는 것이 우선이에요. 레몬, 자몽, 오렌지와 같은 시트러스류는 베이킹소다와 식초로, 오이는 소금을 이용해 깨끗이 씻어주세요. 베이킹소다는 과일 표면에 뿌려 문질러 씻은 다음 흐르는 물에 헹구면 됩니다. 껍질이 얇거나 쉽게 무르는 과일은 베이킹소다를 희석한 물에 넣어 살살 흔들어 씻어주세요. 잘 씻은 과일을 잘라서 병에 넣은 다음 살짝 으깨면 본연의 맛과 향을 더욱 잘 살릴 수 있어요. 머들러나 숟가락, 국자처럼 누르기에 편한 도구를 찾아 쓰면 돼요. 너무 많이 으깨면 물이 뿌옇게 흐려지니 살짝만 으깨세요. 2~3시간 우려서 마시면 되는데 가능하다면 하룻밤 정도 냉장고에 보관해 두었다가 드세요. 너무 여러 번 우려내면 쓴맛이 날 수도 있으니 물은 2~3번 정도 다시 채워 드시고, 만약 하루 이상 두고 마신다면 48시간이 지나기 전에 과일이나 허브는 건져내는 것이 좋습니다. 소개한 레시피 외의 좋아하는 과일이나 허브를 사용하여 스파 워터를 만들어도 좋아요. 또한, 과일과 허브에 탄산수를 더하면 탄산음료를 대신하는 음료로 색다르게 즐길 수 있지요.

02 스무디

—

스무디는 아침을 건강하게 시작하는 데 좋은 병 음료예요. 단맛을 내는 과일에 제철 채소 한 종류만 곁들여도 디톡스 스무디가 완성됩니다. 편하게 만들려면 잘 익은 바나나를 손가락 한 마디 크기로 자르고 그 외의 과일, 견과류, 채소 등을 하루 치씩 지퍼백에 넣은 다음 냉장 보관하거나 얼려 두세요. 그러면 매일 아침에 하나씩 꺼내 휘리릭 갈면 되니까요. 과일과 채소의 비율은 보통 6:4 정도인데 처음에는 과일을 조금 더 넣고, 스무디 맛에 익숙해질수록 녹색 채소의 비율을 점점 늘려가세요.

To make smoothies at home

step 1 베이스 고르기
생수, 코코넛 워터, 녹차, 마테차, 오렌지 주스 등 스무디의 베이스를 정합니다. 저는 여러 가지 향과 부스터를 더하는 편이라 베이스를 주로 생수로 사용해요. 채소나 과일의 수분 함유량에 따라 양을 가감해야 하므로 스무디를 만들 때는 가장 마지막에 넣어요.

step 2 채소 선택
시금치나 케일, 셀러리 등 원하는 채소를 선택합니다. 많이 넣지 않아도 충분히 그린 느낌을 즐길 수 있어요. 보통 여러 가지 종류의 채소를 넣기보다는 한 가지, 혹은 두 가지 채소를 사용합니다.

step 3 과일로 단맛 더하기
사과, 자몽, 배, 키위, 포도, 바나나, 오렌지, 파인애플, 베리 등 채소와 어울리는 과일, 또는 냉장고에 있는 과일을 선택하세요.

step 4 향과 디톡스 부스터 선택
레몬, 생강, 강황 가루, 헴프 시드, 치아 시드, 밀 싹 파우더, 마카 파우더, 아사이 베리 파우더 등을 더해줍니다. 저는 주로 영양과 색을 고려해 부스터를 고르는 편이에요. 오렌지와 당근이 주재료라면 강황 가루를, 베리 류가 주재료라면 아사이 베리 파우더를 넣는 식으로요. 보기 좋은 떡이 먹기도 좋은 법이니까요.

Detox Spa Water

64oz 스파 워터 레시피는 64oz(약 2ℓ)를 기준으로 합니다.

01

Spa Water

Cucumber Lime Mint Water • Raspberry Basil Lemon Water • Jalapeno Citrus Water • Pomegranate Rosemary Water • Pineapple Coconut Waterr • Lemon Ginger Water • Watermelon Kiwi Rosemary Water

오이 라임 민트 워터

Cucumber Lime Mint Water

—

신선하고 상쾌한 향이 감도는 민트와 라임이 곁들여져 아침에 몸을 부스트 시키기에
좋은 스파 워터예요. 민트는 종류에 상관없으니 입맛에 따라 골라 쓰세요.

YOU NEED

오이 ½개 • 라임 ½개 • 민트잎 ¼컵 • 물 4~5컵

HOW TO MAKE

1 오이와 라임은 얇게 썰어요.
2 병에 오이와 라임을 넣은 다음 숟가락으로 살짝 눌러 으깨요.
3 물과 민트잎을 더하고 냉장고에 2~3시간 가량 넣어 둡니다.

라즈베리 바질 레몬 워터

Raspberry Basil Lemon Water

—

달콤하고 즙이 많은 라즈베리, 디톡스에 좋은 레몬에 향이 좋은 바질을 더했어요.
향이 좋기 때문에 온종일 기분 좋게 즐길 수 있습니다.

YOU NEED

라즈베리 ½컵 • 레몬 ½개 • 바질잎 3장 • 물 4~5컵

HOW TO MAKE

1 병에 얇게 썬 레몬과 라즈베리를 넣고 숟가락으로 살짝 눌러 으깨요. 라즈베리는 쉽게 물러지니 너무 많이 으깨지 않도록 주의하세요.

2 물과 바질잎을 더한 다음 냉장고에 2~3시간가량 넣어 둡니다.

자몽 오렌지 할라페뇨 워터

Jalapeno Citrus Water

—

피부 미용과 피로 해소에 좋은 비타민 워터입니다. 비타민을 풍부하게 함유하고 있는 할라페뇨는 신진대사를 원활하게 하며, 자몽은 탁월한 식욕 억제제이기도 합니다.

YOU NEED

자몽 슬라이스 1~2조각 • 오렌지 슬라이스 2~3조각 • 할라페뇨 ½개 • 물 4~5컵

HOW TO MAKE

1 병에 자몽과 오렌지 슬라이스를 넣고 숟가락으로 눌러 으깨요.

2 얇게 썬 할라페뇨와 물을 더한 다음 냉장고에 2~3시간가량 넣어 둡니다.

석류 로즈메리 워터

Pomegranate Rosemary Water

—

석류에는 레드와인이나 녹차보다 3배가량 많은 항산화 물질이 들어있어요.
보통 주스로 많이 마시지만 스파 워터로 만들면 당분이 덜해 하루 중
아무 때고 부담스럽지 않게 즐길 수 있지요.

YOU NEED

석류 1개 • 로즈메리 2~3줄기 • 물 4~5컵

HOW TO MAKE

1 석류는 반으로 가른 다음 과육을 빼내요. 나무 주걱으로 석류 껍질을 팡팡 때리면 과육이 쉽게 떨어져 나옵니다.
2 병에 석류를 넣고 숟가락으로 으깬 후 로즈메리와 물을 더합니다.
3 냉장고에 2~3시간가량 넣어 둡니다.

파인애플 코코넛 워터

Pineapple Coconut Water

—

코코넛 워터는 전해질 농도가 혈액과 비슷해 빨리 흡수되고 섬유질이 풍부해 수분 보충과 다이어트에 그만이에요. 파인애플에는 소화를 돕는 효소가 들어있어 식사할 때 물 대신 마시기에도 좋습니다.

YOU NEED

파인애플 링 2조각 • 코코넛 워터 4~5컵

HOW TO MAKE

1 파인애플을 깍둑 썰어 병에 담고 숟가락으로 살짝 눌러 으깹니다.
2 코코넛 워터를 더한 다음 냉장고에 2~3시간가량 넣어 둡니다.

레몬 생강 워터

Lemon Ginger Water

—

클렌즈를 돕는 레몬에 신진대사를 활발하게 하는 생강을 더한 디톡스 워터입니다.
몸이 무거울 때 수시로 마시기만 해도 몸이 한결 가벼워집니다.

YOU NEED

레몬 2개 • 생강 1톨(0.5cm) • 물 4~5컵

HOW TO MAKE

1 얇게 썬 레몬을 병에 담아 숟가락으로 살짝 눌러 으깹니다.
2 엄지손가락만한 크기의 생강 한 톨을 얇게 썰어 **1**에 더합니다.
3 물을 붓고 냉장고에 2~3시간가량 넣어 둡니다.

수박 키위 로즈메리 워터

Watermelon Kiwi Rosemary Water

—

달고 시원한 수박에 비타민이 가득한 상큼한 맛의 키위를 더했어요.
로즈메리를 대신해 민트를 넣거나 키위 대신 라임, 레몬 등을 넣어도 좋아요.

YOU NEED

수박 1컵 • 키위 1개 • 로즈메리 2줄기 • 물 4~5컵

HOW TO MAKE

1 수박은 적당한 크기로 깍둑 썰거나 볼러를 이용해 둥글게 모양냅니다.

2 키위는 껍질을 벗기고 반으로 가른 다음 얇게 썰어요.

3 수박과 키위를 병에 담은 후 숟가락으로 살짝 눌러 으깨고 물을 부은 다음 냉장고에 2~3시간가량 넣어 둡니다.

Antioxidant Color Smoothies

16oz 스무디 레시피는 16oz(약 500㎖)를 기준으로 합니다.

02

Smoothies

Power-up Energy Smoothie • Veggie Smoothie • Hawaiian Smoothie • Citrus Fresh Smoothie • Green Cleanser Smoothie • Green Tea Smoothie • Mixed Berry Smoothie

파워 업 에너지 스무디

Power-up Energy Smoothie

—

하루를 활기차게 시작하도록 돕는 스무디입니다. 바나나가 들어가 든든한
포만감을 느낄 수 있지요. 오렌지나 레몬 등을 넣고 갈 때는 씨가
들어가지 않게 주의하세요. 씨가 들어가면 쓴맛이 나거든요.

YOU NEED

오렌지 1개 • 얼린 바나나 ½개 • 강황 가루 ½작은술 • 헴프 시드 1큰술 • 망고 주스 1컵

HOW TO MAKE

1 분량의 재료를 블렌더에 넣고 곱게 갈아요.
2 망고 주스는 농도를 보며 양을 가감하세요.

베지 스무디

Veggie Smoothie

—

섬유소가 많은 셀러리와 강력한 항암효과를 지닌 케일로 만들어
체내에 쌓인 독소를 배출하는 데 효과가 탁월합니다. 좋아하는 허브를
1~2작은술 넣어 향을 더해도 좋습니다.

YOU NEED

당근 1개 • 셀러리 ½대 • 사과 ½개 • 아보카도 ½개 • 케일 1~2장 •
두유 1컵 • 허브 약간

HOW TO MAKE

분량의 재료를 블렌더에 넣고 곱게 갈아요.

하와이안 스무디

Hawaiian Smoothie

—

달콤하고 부드러운 맛 덕분에 음료수 대용으로 마시기 좋은 스무디입니다.
생강 등의 부스터를 더하면 색다르게 즐길 수 있습니다.

YOU NEED

파인애플 링 1조각 • 냉동 망고 ½컵 • 코코넛 워터 1컵 • 그릭요거트 2큰술 •
치아 시드 1~2큰술 • 코코넛 오일 1큰술

HOW TO MAKE

분량의 재료를 블렌더에 넣고 곱게 갈아요.

시트러스 프레시 스무디

Citrus Fresh Smoothie

―

비타민과 항산화 성분이 풍부해 면역력 강화에 도움을 주는 스무디예요.
더 가볍게 즐기고 싶다면 그릭요거트를 빼셔도 좋아요.
농도는 생수로 조절하면 됩니다.

YOU NEED

오렌지 1개 • 자몽 1개 • 얼린 바나나 ½컵 • 그릭요거트 ¼컵(생략 가능) •
생강 1톨(0.5cm) • 라임즙 1큰술 • 마카 파우더 1큰술

HOW TO MAKE

분량의 재료를 블렌더에 넣고 곱게 갈아요.

그린 클렌징 스무디

Green Cleanser Smoothie

―

디톡스에 좋은 케일에 혈액을 깨끗하게 해주는 밀 싹 파우더를
부스터로 더해 클렌징 효과가 탁월한 스무디입니다.

YOU NEED

케일 1~2장 • 청포도 1컵 • 시금치 ½컵 • 사과 ½개 • 오이 ½개 •
밀 싹 파우더 1큰술 • 레몬즙 2큰술 • 물 ½컵

HOW TO MAKE

1 분량의 재료를 블렌더에 넣고 곱게 갈아요.

2 취향에 따라 꿀이나 메이플 시럽을 약간 더해도 좋습니다.

녹차 그린 스무디

Green Tea Smoothie

—

가루녹차를 가리키는 말차는 우려 마시는 녹차와 달리 찻잎의 영양소와 섬유질을
그대로 섭취할 수 있는 건강한 재료예요. 아미노산과 미네랄, 철분이 풍부한
아보카도는 스무디에 크림 같은 질감과 부드러운 맛을 더해줍니다.

YOU NEED

아보카도 ½개 • 멜론 슬라이스 2조각 • 말차 2큰술 • 시금치 1컵 •
아몬드 밀크 1컵 • 꿀 2큰술

HOW TO MAKE

분량의 재료를 블렌더에 넣고 곱게 갈아요.

비타민 믹스베리 스무디

Mixed Berry Smoothie

―

항산화 효과가 풍부한 블루베리와 각종 베리로 새콤한 맛을 낸 안티에이징 스무디입니다. 베리는 생과를 사용해도 되고 냉동을 써도 좋습니다.

YOU NEED

냉동 믹스 베리(블루베리, 딸기, 라즈베리 등) 1컵 • 그릭요거트 ¼컵 •
얼린 바나나 ½컵 • 물 ¼컵 • 아사이 베리 파우더 1큰술

HOW TO MAKE

분량의 재료를 블렌더에 넣고 곱게 갈아요.
물은 한꺼번에 넣지 말고 농도를 보아가며 가감하세요.

NEW YORK STYLE BOTTLE COOKING | CHAPTER 3

03_ Smoothie Bowls
04_ Over-night Oatmeal
05_ Bottle Salads
06_ Bottle Rice
07_ Cup Noodles

03 스무디 볼

스무디 볼은 아침 식사 대용으로 좋은 떠먹는 스무디예요. 스무디에 견과류와 시리얼, 과일과 채소를 듬뿍 더한 건강한 한 끼 식사이지요. 볼에 담아도 좋고, 병에 담아도 좋아요. 스무디 볼 중 가장 유명한 건 아마도 미란다 커, 빅토리아 베컴, 지젤 번천과 같은 셀럽들이 즐겨 먹는다고 알려져 유명해진 아사이볼일 거예요. 아사이볼은 강력한 항산화 효과를 가진 아사이 베리로 만든 스무디 위에 각종 열대 과일을 올린 브라질의 건강식으로 미국, 호주를 비롯해 전 세계적으로 스무디 볼 열풍을 일으켰지요.

To make smoothie bowls at home

스무디 볼은 스무디 위에 토핑을 얹은 간단한 요리예요. 얼린 바나나를 기본으로 과일과 채소를 선택한 다음 아몬드 밀크, 코코넛 밀크 등 원하는 우유를 더하고 입맛에 따라 꿀이나 메이플 시럽으로 단맛을 내면 되지요. 단, 마시는 스무디보다 좀 더 진하고 되직한 질감으로 만들어요. 과당 섭취를 줄이고 싶다면 바나나 대신 그릭요거트를 넣으면 됩니다.

스무디 볼을 색다르게 만드는 결정적 비결은 마지막에 올리는 토핑에 있어요. 각종 과일에서부터 씨앗류, 견과류, 코코넛 플레이크, 그래놀라, 너트 버터, 말린 과일, 카카오 파우더, 초콜릿 칩 등 사용하는 재료가 무궁무진하답니다. 인스타그램에서 #스무디볼 #smoothiebowl을 검색해 보면 예술작품을 방불케 하는 창의적인 모양에 깜짝 놀라게 될 거예요. 저는 바쁘거나 귀찮을 땐 2~3일분의 스무디 볼 베이스를 병에 담아 냉장 보관해 두었다가 먹기 전에 그릇에 담은 후 토핑만 달리해서 먹어요.

04 오버나이트 오트밀

오버나이트 오트밀은 노 쿠킹 요리예요. 이름 그대로 전날 저녁, 각종 재료를 병에 담아 냉장고에 넣은 후 다음 날 꺼내 먹기만 하면 된답니다. 기본은 베이스가 되는 오트밀과 치아 시드, 그리고 아몬드 밀크 등의 식물성 우유예요. 오트밀은 포만감이 높고 식이섬유가 풍부해서 건강에 관심이 많은 뉴요커들이 아침에 즐겨 먹어요. 치아 시드는 엄청난 양의 수분을 흡수하기 때문에 하룻밤 재워 두고 보면 통통하게 수분을 머금어 푸딩 같은 상태가 돼요. 이 역시 포만감을 주기 때문에 다이어트를 하는 사람들에게 제격이랍니다.

To make over-night oatmeal at home

오버나이트 오트밀 만드는 것은 아주 간단해요. 오트밀 베이스를 만든 후 뚜껑을 닫아 흔들어서 하룻밤을 두세요. 그리고 다음날 먹기 전에 토핑만 더하면 돼요. 오트밀 베이스는 보통 오트밀 1컵에 치아 시드 1~2큰술을 더하는데, 아몬드 밀크나 소이 밀크 등의 식물성 우유를 오트밀과 치아 시드가 잠길 정도로 붓고 메이플 시럽이나 꿀을 약간 더해줍니다. 제 레시피에는 그릭요거트를 넣어주었는데 그릭요거트는 입맛에 따라 아예 넣지 않거나 더 넣어도 상관없어요. 바닐라 진액 역시 빼도 상관없고요.

매일 만들기 번거롭다면 오트밀 베이스를 네다섯 개 정도 미리 만들어 냉장 보관해 두었다가 아무때고 출출할 때 꺼내 토핑만 더해 먹으면 좋아요. 저는 주로 바쁜 아침에 먹지만 열량이 적고 소화에 부담이 덜 되기 때문에 아침이든 저녁이든 부담 없이 즐길 수 있답니다.

05 보틀 샐러드

보틀 샐러드는 상대적으로 저렴한 재료비로 신선한 샐러드를 편하게 즐길 수 있는 최고의 병 요리예요. 1회 용기를 쓰지 않아도 되니 환경에도 좋고요. 보틀 샐러드를 만들 때 가장 중요한 건 재료들이 눅눅해지지 않도록 하는 거예요. 그러기 위해선 드레싱을 병 가장 아래에 두고 양파, 당근, 오이처럼 드레싱에 마리네이드 하면 좋은 재료나 드레싱에 큰 영향을 받지 않는 단단한 재료 위주로 병 아래에서부터 차례로 쌓아 올리면 돼요. 빵을 튀겨 만든 크루통이나 아몬드, 땅콩 같은 너트류는 쉽게 눅눅해지니 맨 위에 올려요. 베이킹에 쓰는 요리용 코팅 종이인 파치먼트 페이퍼(황산지) 또는 포일을 한 겹 깔고 올리면 더 좋아요. 아래에서 위로 갈수록 수분이 많은 재료에서부터 수분이 적은 재료, 딱딱한 재료에서 부드러운 재료 순으로 올린다고 생각하면 쉽답니다.

To make bottle salads at home

1st 드레싱
병 가장 아래에는 샐러드드레싱을 담습니다. 작은 병의 경우 1~2큰술, 큰 병이라면 3~4큰술 정도 담으면 돼요. 입맛에 따라 적당히 가감하세요.

2nd 단단한 채소
당근, 오이, 양파, 파프리카, 방울토마토와 같이 단단하고 양념에 재워 두었을 때 맛이 좋아지는 채소를 위주로 담습니다.

3rd 곡류, 콩
밥, 보리, 병아리콩, 검은콩처럼 곡류나 콩, 탄수화물 위주의 재료를 담습니다.

4th 단백질
닭고기, 생선, 달걀, 치즈와 같은 단백질 위주의 재료를 담습니다.

5th 가벼운 채소, 과일 또는 곡류
양상추, 루콜라, 딸기, 블루베리 또는 퀴노아처럼 가벼운 채소와 과일, 곡류를 담습니다.

6th 견과류, 치즈, 빵
눅눅해지기 쉬운 견과류나 빵, 또는 곱게 간 치즈를 올립니다. 번거롭더라도 황산지나 포일, 랩을 한 겹 간 다음 올리면 샐러드를 더 맛있게 즐길 수 있습니다.

06 보틀 라이스

취향껏 재료를 골라 디자인하는 샐러드 볼, 곡물과 채소를 중심으로 만드는 부다 볼에서부터 생선을 뭉텅뭉텅 깍둑 썰어 올려 먹는 요즘 뉴욕에서 가장 인기인 하와이 음식 포케 볼까지, 몇 해 전부터 뉴욕에서는 여러 가지 재료를 한 그릇에 담아 먹는 볼(bowl)의 인기가 뜨겁습니다. 그러한 인기를 반영하듯 뉴욕의 거리를 걷다 보면 다양한 볼 레스토랑을 쉽게 만날 수 있어요. 볼의 매력이라면 한 그릇 안에 탄수화물, 단백질, 비타민 등 각종 영양소가 조화롭게 담기는 데 있어요. 게다가 열량 부담이 적고, 먹기에도 편하니 인기가 많을 수밖에요. 그래서 이런 영양 만점 볼을 병에 담아 즐기는 메뉴를 만들어 보았습니다. 사실 물가 비싼 뉴욕에 살다 보면 외식을 즐기기가 어려워요. 별 것 아닌 샌드위치 하나도 우리 돈으로 1만 원이 훌쩍 넘는 데다 뉴욕에서는 음식값의 15~20%에 해당하는 팁을 의무적으로 주어야 하거든요. 그래서 많은 뉴요커들은 간단하게 도시락을 준비해 들고 다닌답니다. 이때 병이 참 요긴하게 사용되지요.

To make bottle rice at home

보틀 도시락을 만들겠다고 매일 같이 재료를 손질하기란 여간 귀찮은 일이 아니지요. 이럴 땐 일주일 치를 미리 만들어 두면 편해요. 당근, 양배추, 오이 등 들어가는 채소들을 한꺼번에 채 썰고 퀴노아, 병아리콩, 렌틸콩 같은 재료도 미리 삶거나 데쳐 밀폐 용기에 담아 두는 거예요. 다음 날 메뉴에 맞는 재료만 꺼내 차곡차곡 쌓으면 손쉽게 보틀 런치를 만들 수 있어요.

07 컵 누들

샐러드를 먹다 보면 호로록 면이 먹고 싶을 때가 있지요? 그래서 제가 개발한 레시피가 즉석 컵 누들이에요. 쌀국수의 가장 얇은 버전인 버미셀리 누들을 사용해서 손쉽게 국물 요리를 즐기는 거지요. 버미셀리 누들은 뜨거운 물을 붓고 5~10분만 있으면 바로 먹을 수 있답니다.

채소로 면을 대신하는 것도 하나의 방법이에요. 채소 면은 플랜트 베이스드 쿠킹에 많이 쓰이는 재료인데 탄수화물 섭취를 줄이고 싶거나 좀 더 건강한 요리를 만들고 싶을 때 면 대신 사용하면 좋습니다. 스파이럴라이저(spiralizer)를 이용하면 쉽게 채소 면을 만들 수 있는데 애호박, 비트 같은 채소를 끼워 빙글빙글 돌리면 채소를 국수 모양으로 잘라준답니다. 만약 스파이럴라이저가 없다면 채소를 얇게 저민 다음 채 썰면 돼요.

To make cup noodles at home

재료를 병에 담을 땐 보틀 샐러드와 마찬가지로 소스를 병 가장 아래에 담고 단단한 재료, 누들, 가벼운 채소류를 순서대로 올리면 됩니다. 뜨거운 물을 부어 완성하는 국물 요리의 경우 물이 들어갈 여유 공간을 남기는 것을 잊지 마시고요.

만약 버미셀리 외에 다른 면이 먹고 싶다면 가락국수, 국수, 메밀면, 라면, 스파게티면 등 원하는 면을 가볍게 삶은 다음 오일로 살짝 코팅하세요. 단, 아무리 면을 가볍게 삶고 코팅하더라도 먹을 때 즈음이면 면이 조금 부는 걸 감내해야 해요.

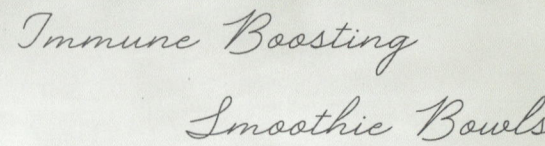

Immune Boosting Smoothie Bowls

16oz 스무디 볼 레시피는 16oz(약 500㎖)를 기준으로 합니다.

03

Smoothie Bowls

Acai Bowl • Tropical Coconut Smoothie Bowl • Mixed Berries Vitamin Smoothie Bowl
• Superfoods Smoothie Bowl • Mermaid Smoothie Bowl

아사이볼

Acai Bowl

—

아사이 베리는 단맛이 적고 시큼털털해서 바나나처럼 달콤한 과일과 잘 어울립니다.
보통은 냉동 퓌레 형태의 아사이 베리 스무디 팩을 사용하지만
아사이 베리 파우더 2~3큰술을 그릭요거트에 더해 사용해도 돼요.

YOU NEED

코코넛 오일 1작은술 • 코코넛 플레이크 2큰술 • 바나나 1개 • 아몬드 버터 1큰술 •
아몬드 밀크 2큰술 • 아사이 베리 스무디 팩(또는 아사이 베리 파우더 2~3큰술과 그릭요거트 ½컵) •
토핑(헴프 시드 1큰술, 그래놀라 1큰술, 블루베리, 라즈베리 등 베리류)

HOW TO MAKE

1 팬에 코코넛 오일을 두르고 코코넛 플레이크가 연한 갈색이 될 때까지 볶은 후 접시에 덜어 두세요. 코코넛 플레이크는 쉽게 타므로 약한 불에 볶아야 합니다.

2 블렌더에 바나나, 아몬드 밀크, 아몬드 버터, 아사이 베리 스무디 팩, 또는 아사이 베리 파우더와 그릭요거트를 넣고 곱게 갈아요.

3 2를 병이나 그릇에 담고 헴프 시드, 그래놀라, 코코넛 플레이크, 베리를 토핑으로 올려 완성해요.

트로피컬 코코넛 스무디 볼

Tropical Coconut Smoothie Bowl

—

파인애플, 망고 베이스의 스무디에 과일과 코코넛 플레이크를 토핑으로 더해
달콤하고 고소한 맛이 일품인 스무디 볼이에요.
취향에 따라 마카 파우더, 스피룰리나 등을 더해 더욱 건강하게 즐기세요.

YOU NEED

얼린 바나나 1컵 • 얼린 파인애플 ½컵 • 얼린 망고 ⅓컵 • 코코넛 밀크 ½컵 •
메이플 시럽 1~2큰술 • 토핑(망고, 키위, 그래놀라, 치아 시드, 구운 코코넛 플레이크 적당량)

HOW TO MAKE

1 블렌더에 모든 재료를 넣고 부드러운 질감이 나도록 갈아요.
2 1을 병이나 그릇에 담고 토핑을 올립니다.

믹스 베리 비타민 스무디 볼

Mixed Berries Vitamin Smoothie Bowl

—

지치고 나른한 봄날, 몸에 활력을 가득 채워주는 스무디 볼입니다.
비타민이 풍부해 피로 해소와 피부 미용에 도움을 줍니다.

YOU NEED

얼린 바나나 1컵 • 냉동 믹스베리 ½컵 • 아몬드 밀크 ¼컵 • 꿀 1큰술 •

토핑 (베리류, 치아 시드, 그래놀라, 호박씨 적당량)

HOW TO MAKE

1 블렌더에 모든 재료를 넣고 부드러운 질감이 나도록 갈아요.
2 1을 병이나 그릇에 담고 토핑을 올립니다.

슈퍼푸드 스무디 볼

Superfoods Smoothie Bowl

—

아보카도, 석류, 치아 시드, 아몬드 등 몸속의 활성산소를 없애주고
영양소가 풍부한 여러 슈퍼푸드를 한 그릇에 담았습니다.
취향에 따라 마카 파우더, 스피룰리나 등을 더해 더욱 건강하게 즐기세요.

YOU NEED

얼린 바나나 1컵 • 냉동 라즈베리 ½컵 • 아보카도 ½개 • 코코넛 밀크 ¼컵 •
마카 파우더 1큰술(생략 가능) • 토핑(비트 칩, 석류, 치아 시드, 굵게 썬 아몬드 적당량)

HOW TO MAKE

1 블렌더에 모든 재료를 넣고 부드러운 질감이 나도록 갈아요.
2 1을 병이나 그릇에 담고 토핑을 올립니다.

머메이드 스무디 볼

Mermaid Smoothie Bowl

―

시원한 바다를 연상시키는 말간 초록빛이 매력적인 스무디 볼이에요.
해조류인 스피룰리나 파우더 없이 초록색을 내고 싶다면
녹차 파우더 1작은술을 대신 사용해도 됩니다.

YOU NEED

얼린 바나나 1컵 • 아보카도 ½개 • 아몬드 밀크 ¼컵 • 스피룰리나 1작은술 •
토핑(바나나 슬라이스, 그래놀라, 치아 시드, 호박씨 적당량)

HOW TO MAKE

1 블렌더에 모든 재료를 넣고 부드러운 질감이 나도록 갈아요.

2 1을 병이나 그릇에 담고 토핑을 올립니다.

Ready to eat,
Over-night Oatmeal

16oz 오트밀 레시피는 16oz(약 500㎖)를 기준으로 합니다.

04

Over-night Oatmeal

The Oatmeal Base • Blueberry Oatmeal • Banana Coconut Oatmeal • Carrot Cake Oatmeal • Cocoa Hazelnut Oatmeal • Orange Marmalade Oatmeal

오트밀 베이스

The Oatmeal Base
—

오트밀 베이스를 미리 병에 담아 냉장해 두면 배가 고플 때마다 하나씩 꺼내 먹기 좋아요. 토핑만 더하면 간편하게 한끼 식사가 완성됩니다.

YOU NEED

오트밀(롤드 오트) 1컵 • 아몬드 밀크(대체 가능) ½컵 • 그릭요거트(생략 가능) ½컵 •
치아 시드 2큰술 • 바닐라 진액(생략 가능) 1작은술

HOW TO MAKE

분량의 재료를 병에 넣고 잘 섞은 다음 냉장고에 하룻밤(8시간가량) 재워 둡니다. 그릭요거트를 생략할 경우 오트밀이 자박하게 잠길 정도로 아몬드 밀크의 분량을 늘려주세요. 대략 1컵 정도로 생각하면 돼요.

블루베리 오트밀

Blueberry Oatmeal

—

아침을 상쾌하게 깨워주는 맛있는 오트밀이에요. 블루베리를 대신해 딸기, 라즈베리, 블랙베리 등 다른 베리류를 사용해도 좋아요.

YOU NEED

오트밀 베이스(p.90) 1병 • 블루베리 1컵 • 코코넛 슈가 1큰술 • 레몬 제스트 ¼작은술

HOW TO MAKE

1 볼에 블루베리와 코코넛 슈가를 넣고 숟가락으로 살짝 으깨세요.
2 오트밀 베이스에 1을 올리고 레몬 껍질을 제스트해 뿌려줍니다.

바나나 코코넛 오트밀

Banana Coconut Oatmeal

—

달콤하게 즐기는 오트밀입니다. 너트 버터를 한 큰술 정도 더하면 고소함을
배가시키는 것은 물론 건강한 지방을 섭취할 수 있어 좋아요.

YOU NEED

오트밀 베이스(p.90) 1병 • 바나나 1개 • 코코넛 오일 1작은술 •
코코넛 플레이크 ¼컵 • 메이플 시럽 1큰술 • 너트 버터 1큰술(생략 가능)

HOW TO MAKE

1 바나나는 먹기 좋은 크기로 잘라요.
2 코코넛 오일을 두른 팬에 코코넛 플레이크를 노릇하게 볶아 덜어 두세요.
3 오트밀 베이스에 바나나와 코코넛 플레이크, 메이플 시럽을 더합니다.

당근 케이크 오트밀

Carrot Cake Oatmeal

—

열량이 그다지 높지 않아 부담 없이 즐길 수 있는 오트밀이에요.
부드러운 오트밀과 아삭한 당근의 식감이 완벽한 조화를 이룹니다.

YOU NEED

오트밀 베이스(p.90) 1병 • 채 썬 당근 ¼컵 • 피스타치오 2큰술 •
메이플 시럽 1큰술 • 시나몬 파우더 ¼작은술

HOW TO MAKE

1 당근은 1cm 길이로 자른 다음 가늘게 채 썰어 소금을 넣은 끓는 물에 데칩니다.

2 피스타치오는 껍질을 벗기고 굵게 다져요.

3 오트밀 베이스에 당근과 피스타치오, 메이플 시럽, 시나몬 파우더를 더합니다.

코코아 헤이즐넛 오트밀

Cocoa Hazelnut Oatmeal

—

고소한 헤이즐넛과 달콤한 코코아가 멋지게 어우러진 달콤한 오트밀입니다.
찬바람이 불 때 따뜻하게 데워 먹으면 더 맛있게 즐길 수 있습니다.

YOU NEED

오트밀 베이스(p.90) 1병 • 헤이즐넛 ¼컵 • 메이플 시럽 2큰술 • 카카오 파우더 2큰술

HOW TO MAKE

1 생헤이즐넛은 **180**도로 예열한 오븐에서 **10**분 정도 구운 다음 행주로 문질러 껍질을 벗깁니다. 그런 다음 굵게 다지세요.

2 오트밀 베이스에 카카오 파우더와 헤이즐넛을 올립니다.

오렌지 마멀레이드 오트밀

Orange Marmalade Oatmeal

—

오트밀 베이스에 마멀레이드를 올리면 간단하지만 맛있는 오트밀이 완성돼요. 마멀레이드 외에 콩포트나 잼, 처트니 등 좋아하는 종류의 과일 졸임과 너트류를 더해 즐기세요.

YOU NEED

오트밀 베이스(p.90) **1병** • 슬라이스 아몬드 ¼컵 •
오렌지 마멀레이드 또는 오렌지 생강 콩포트(p.205) ⅓컵

HOW TO MAKE

오트밀 베이스에 오렌지 마멀레이드와 슬라이스 아몬드를 올리고 고루 섞어 드세요.

Layered Bottle Salads

16oz 보틀 샐러드 레시피는 16oz(약 500㎖)를 기준으로 합니다. 부재료가 많은 요리를 담을 때는 32oz(약 1ℓ) 병을 사용하세요.

05

Bottle Salads

Cobb Salad • Hummus Quinoa Green Bowl • Chick Pea Broccoli Salad • Grilled Veggie Lentil Salad • Caprese Bottle Salad • Shrimp Pasta Salad

코브 샐러드

Cobb Salad

—

코브 샐러드는 주방에서 쓰고 남은 자투리 재료들을 잘게 썰어 드레싱과 곁들여 먹은 데서 유래한 샐러드예요. 보통 닭가슴살과 채소, 삶은 달걀 등을 섞지 않고 나란히 담아내지요. 랜치 드레싱과 꽤 잘 어울려요.

YOU NEED

랜치 드레싱(p.151) 2~3큰술 • 토마토 ½개 • 오이 ¼개 • 어린잎 채소 ¼컵 •
닭가슴살 ½쪽 • 삶은 달걀 1개 • 아보카도 ½개 •
캔 옥수수, 블루 치즈(대체 가능) 적당량

HOW TO MAKE

1 토마토와 오이는 작은 큐브 모양으로 썰어요.

2 닭가슴살은 소금과 후춧가루로 밑간한 다음 밀가루를 묻혀 기름을 두른 팬에 노릇하게 구워요. 구운 닭고기는 식힌 다음 결대로 잘게 찢어 준비합니다.

3 아보카도는 반으로 갈라 씨를 뺀 후 얇게 썰고, 달걀 역시 모양을 살려 얇게 썰어요.

4 드레싱을 병의 맨 아래에 담고 토마토와 오이, 구운 닭가슴살, 어린잎 채소, 달걀, 아보카도를 차례로 올립니다.

5 옥수수와 잘게 부순 블루 치즈를 뿌려 완성합니다. 치즈는 입맛에 따라 어떤 종류로든 대체 가능합니다.

후무스 퀴노아 그린 볼

Humms Quinoa Green Bowl

―

부드러운 후무스와 톡톡 터지는 퀴노아의 식감이 절묘하게 어우러지는 샐러드입니다. 케일은 생으로 사용해도 되지만 끓는 물에 살짝 데치거나 소금을 약간 뿌려 올리브유에 볶아도 맛있어요.

YOU NEED

후무스(p.171) ¼컵 • 엑스트라 버진 올리브 오일 2큰술 • 퀴노아 ½컵 • 새싹채소 ¼컵 • 케일잎 2장 • 아보카도 ½개

HOW TO MAKE

1 퀴노아는 냄비에 담고 1.5배가량의 물에 소금을 약간 넣고 센 불에 올려 끓여요. 물이 끓기 시작하면 불을 줄여 15~20분가량 더 익힙니다. 익힌 퀴노아는 접시에 넓게 펴서 식혀요.

2 아보카도는 반으로 갈라 씨를 제거한 다음 썰고, 케일도 먹기 좋은 크기로 자릅니다.

3 병에 후무스를 담고 올리브 오일을 가볍게 뿌린 다음 퀴노아, 새싹채소, 케일, 아보카도를 차례로 올립니다.

병아리콩 브로콜리 샐러드

Chick Pea Broccoli Salad

—

단백질과 식이섬유가 풍부해 다이어트에 좋은 샐러드예요. 병아리콩은 물에 불리면 양이 3배로 불어나기 때문에 말린 콩을 사용할 경우에는 1/3컵만 불리세요. 캔에 든 콩을 사용할 경우엔 가볍게 데쳐서 쓰면 돼요.

YOU NEED

매콤 미소 드레싱(p.163) 3~4큰술 • 병아리콩 1컵 • 브로콜리 ¼개

HOW TO MAKE

1 병아리콩은 하룻밤 정도 물에 담가 불린 다음 끓는 물에 20분가량 삶아요.

2 브로콜리는 밑동을 자른 다음 송이송이 모양을 살려 떼어내듯 자르세요. 소금을 넣은 끓는 물에 1~2분가량 가볍게 데친 다음 찬물에 헹구어 건집니다.

3 드레싱을 병 아래에 담고 병아리콩, 브로콜리를 차례로 올립니다.

구운 채소 렌틸콩 샐러드

Grilled Veggie Lentil Salad

—

단백질, 탄수화물, 무기질과 비타민 등 각종 영양소가 병 하나에 완벽하게 담긴 샐러드예요. 레시피에 있는 채소는 다른 제철 채소나 좋아하는 종류의 채소로 대체하셔도 좋아요.

YOU NEED

타라곤 식초(p.238) 2큰술 • 방울양배추 3~4개 • 아스파라거스 2개 • 빨강, 주홍 파프리카 ½개씩 • 렌틸콩 ¼컵 • 리코타 치즈 2큰술

HOW TO MAKE

1 방울양배추는 반으로 가르고 아스파라거스는 밑동을 잘라낸 다음 5cm 크기로 손질합니다. 파프리카는 반으로 갈라 씨를 털어내고 길이대로 먹기 좋게 자릅니다.

2 준비한 채소는 올리브 오일에 가볍게 코팅한 다음 소금을 뿌려 그릴에 굽거나 180도로 예열한 오븐에 20~30분가량 구워주세요.

3 렌틸콩은 끓는 물에 10분가량 삶아 찬물에 건집니다.

4 병에 타라곤 식초와 구운 채소, 렌틸콩을 차례로 담은 다음 리코타 치즈를 부수어 올립니다. 타라곤 식초가 없을 경우엔 다른 종류의 허브 식초나 드레싱으로 대체해도 좋습니다.

보틀 카프레제 샐러드

Caprese Bottle Salad

—

토마토와 생 모차렐라 치즈를 얇게 썰어 켜켜이 담아내는 카프레제 샐러드를 방울토마토와 보콘치니를 사용하여 한입에 간편하게 즐길 수 있는 버전으로 만들었어요. 병에 담는 샐러드인 만큼 바질잎은 얇게 썰어요.

YOU NEED

발사믹 드레싱(p.157) 2~3큰술 • 방울토마토 10~12개 • 보콘치니 7~8개 • 바질잎 3장

HOW TO MAKE

1 방울토마토는 반으로 가르고 바질은 얇게 채 썰어요. 보콘치니(bocconcini)는 한입 크기로 만든 모차렐라 치즈예요. 보콘치니가 없다면 모차렐라 치즈를 한입 크기로 잘라 준비합니다.

2 바질잎은 가늘게 채 썹니다.

3 병에 드레싱을 담고 채 썬 바질잎과 방울토마토, 보콘치니를 올립니다.

새우 파스타 샐러드

Shrimp Pasta Salad

—

시금치 페스토를 넣고 휘리릭 섞어 먹는 간단한 파스타 샐러드예요.
파스타는 취향에 따라 좋아하는 것을 선택하면 되는데, 나비넥타이 모양의
파르펠레 면이 차게 먹는 샐러드에 잘 어울린답니다.

YOU NEED

시금치 페스토(p.167) 3~4큰술 • 파스타(파르펠레) 1컵 • 새우 5~6마리 •
소금, 후춧가루 약간씩 • 어린잎 채소 적당량 • 올리브 오일, 파르메산 치즈 적당량

HOW TO MAKE

1. 끓는 물에 소금을 넣고 파스타를 삶아요. 삶은 파스타 면은 물기를 뺀 후 올리브 오일에 가볍게 버무려 코팅합니다.

2. 새우는 머리와 내장, 껍질을 제거하고 소금과 후춧가루로 밑간한 다음 올리브 오일을 두른 팬에 노릇하게 구워요.

3. 병에 시금치 페스토를 담고 파스타, 새우, 어린잎 채소를 차례로 올린 다음 파르메산 치즈 가루를 뿌립니다.

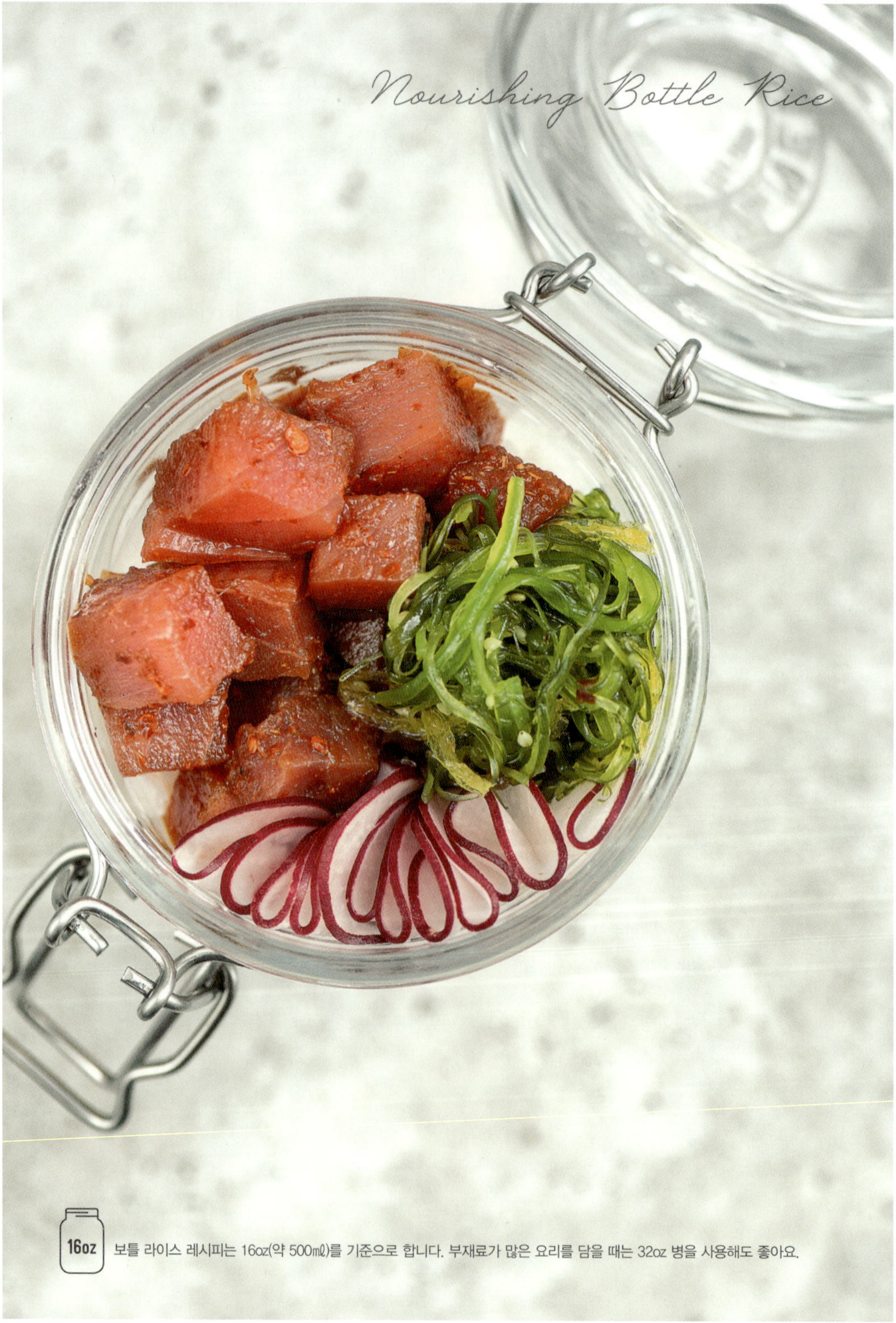

Nourishing Bottle Rice

16oz 보틀 라이스 레시피는 16oz(약 500㎖)를 기준으로 합니다. 부재료가 많은 요리를 담을 때는 32oz 병을 사용해도 좋아요.

06

Bottle Rice

Homemade Furikake Bottled Rice • Tuna Poke Bowl • Beet Barley Salad • Quinoa Buddha Bowl • Avocado Mentaiiko Rice

홈메이드 후리가케 보틀 라이스

Homemade Furikake Bottled Rice

—

쓰고 남은 당근, 양파, 파, 브로콜리나 버섯 밑동과 같이 냉장고 속 자투리 채소 처리가 고민이라면 후리가케를 만들어 보세요. 단, 홈메이드인 만큼 일주일 분량만큼만 만들어 쓰거나 냉동해 두고 쓰는 게 좋습니다.

YOU NEED

밥 1공기 • 잔 멸치 또는 실치 ¼컵 • 건새우 ¼컵 • 갖은 채소(표고버섯, 당근, 브로콜리, 애호박 등) ½컵 • 김 ½장 • 소금, 참깨, 참기름 적당량씩

HOW TO MAKE

1. 마른 팬에 멸치를 넣고 2~3분가량 볶아 수분을 날려요. 건새우도 머리를 제거하고 함께 볶아요.

2. 채소를 굵게 다진 다음 마른 팬에 볶아 수분을 70~80%가량 날리고, 접시에 넓게 편 다음 전자레인지에 30초가량 돌렸다가 실온에 두어 수분을 날리기를 2~3번 정도 반복합니다. 식품 건조기가 있다면 재료를 고루 펴서 7시간 정도 말린 다음 기름을 두르지 않은 팬에 볶아주세요.

3. 1과 2를 블렌더에 넣고 굵게 갈아요. 구운 김을 잘게 부수어 넣고 참깨를 적당량 더해 섞은 다음 입맛에 따라 소금으로 간해요.

4. 볼에 밥과 후리가케, 참기름을 적당량 넣고 섞은 다음 병에 담아요. 종이 포일을 작게 잘라 올린 다음 잘게 썬 김을 올려 장식합니다.

참치 포케 볼

Tuna Poke Bowl

―

건강한 뉴요커의 한 끼 식사로 사랑받고 있는 포케는 미국식 회덮밥이에요. 원하는 토핑을 다양하게 올려 먹을 수 있는 점이 매력적이지요. 입맛에 따라 연어, 문어, 구운 두부 등 주재료와 소스를 달리해 즐겨 보세요.

YOU NEED

밥 1공기 • 냉동 참치 200g • 현미밥 1공기 • 연근 1토막(5cm) •
양념장(간장 2큰술, 레몬즙, 설탕, 참기름, 참깨, 고춧가루 1작은술씩) •
래디시 피클(p.191) 약간 • 데친 미역 줄기 2큰술

HOW TO MAKE

1 냉동 참치는 미지근한 소금물에 담가 해동한 다음 키친타월로 물기를 제거하고 깍둑 썹니다. 큐브로 자른 생참치회를 사용해도 좋아요. 깍둑 썬 참치는 분량의 재료를 섞어 만든 양념장에 재워 둡니다.

2 연근은 껍질을 벗겨 얇게 썬 다음 끓는 소금물에 데쳐 건집니다.

3 병에 밥을 담고 연근과 래디시 피클, 미역 줄기를 토핑으로 올린 다음 1을 올려요.

비트 통보리 샐러드

Beet Barley Salad

—

혈당을 낮추는 데 도움을 주는 통보리를 주재료로 하여 든든한 포만감을
주는 샐러드예요. 통보리는 너무 푹 익히지 않도록 주의하세요.
쫀득쫀득 씹히는 맛이 살아야 맛이 더 좋거든요.

YOU NEED

레몬 로즈메리 식초(p.232) 2~3큰술 • 호두 오일(p.224) 2~3큰술 • 비트 1개 •
통보리 ½컵 • 루콜라 ¼컵 • 염소 치즈(대체 가능) 2~3큰술 • 구운 피스타치오 약간

HOW TO MAKE

1 비트는 껍질을 벗긴 다음 소금을 넣은 끓는 물에 삶아 익혀요. 여러 개를 함께 익힐 경우에는 압력솥을 이용하는 게 좋은데, 비트가 충분히 잠길만큼 물을 붓고 삶아요. 압력이 오르면 불을 줄이고 큰 것은 30분, 작은 것은 15~20분가량 삶으면 됩니다. 삶은 비트는 식힌 다음 먹기 좋은 크기로 깍둑 썰기합니다.

2 통보리는 끓는 물에 30분가량 삶아 찬물에 담근 후 물기를 뺍니다. 밥처럼 짓는 것보다 조금 더 탱글탱글한 식감으로 즐길 수 있습니다.

3 병에 레몬 로즈메리 식초와 호두 오일, 비트, 통보리, 루콜라를 순서대로 담은 다음 굵게 부순 치즈와 구운 피스타치오를 올립니다.

퀴노아 부다 볼

Quinoa Buddha Bowl

—

병아리콩, 두부 등의 식물 단백질과 채소, 곡류가 주가 되는 부다 볼은 베지테리언을 위한 훌륭한 한 끼 식사입니다. 녹색 채소가 가득하기 때문에 다이어트를 하거나 가벼운 식사를 원할 때 먹기 좋아요.

YOU NEED

후무스(p.171) 2~3큰술 • 퀴노아 ½컵 • 병아리콩 ½컵 • 오이 ¼개 • 방울토마토 3~4개 • 헴프 시드 1작은술 • 어린잎 채소 적당량

HOW TO MAKE

1 퀴노아는 고슬고슬하게 밥을 짓고, 병아리콩은 하룻밤 물에 불렸다 20분간 삶아서 준비합니다.

2 오이는 먹기 좋은 크기로 깍둑 썰고, 방울토마토는 반으로 가릅니다.

3 병에 후무스를 담고 퀴노아, 병아리콩, 오이, 방울토마토, 헴프 시드, 어린잎 채소를 차례로 올립니다.

아보카도 명란 밥

Avocado Mentaiiko Rice

—

밥만 준비되어 있다면 재료 손질부터 시작하여 10분 안에 뚝딱 만들 수 있는 초간단 요리입니다. 맛도 좋지만 모양도 예뻐 손님 접대용으로도 그만이에요.

YOU NEED

밥 1공기 • 명란젓 1개 • 아보카도 ½개 • 오이 ¼개 •
깻잎 1장 • 상추 2~3장 • 통깨, 참기름 약간씩 • 마늘 2쪽(생략 가능)

HOW TO MAKE

1 명란젓은 반으로 잘라 ½은 먹기 좋게 썰고 나머지는 알을 발라 다집니다.

2 아보카도는 반으로 갈라 씨를 제거하고 숟가락으로 과육을 파낸 다음 먹기 좋게 썰어요.

3 오이와 깻잎은 채 썰고 상추는 먹기 좋은 크기로 잘라요.

4 밥에 다진 명란과 통깨, 참기름을 넣고 가볍게 섞어요.

5 병에 밥을 담고 상추와 깻잎, 오이, 아보카도를 순서대로 올린 다음 얇게 썬 명란을 담아 완성해요. 얇게 썬 마늘을 팬에 튀기듯 구운 마늘 칩을 곁들여도 좋아요.

Convenient Cup Noodles

16oz 컵 누들 레시피는 16oz(약 500㎖)를 기준으로 합니다. 국물을 담아야 하는 요리는 32oz(약 1ℓ) 병을 사용하세요.

07

Cup Noodles

Vermicelli Noodle Salad • Homemade Instant Miso Noodles • Zucchini Noodle Pasta • Chicken Soba Bibim Noodles • Beet Pasta

버미셀리 누들 샐러드

Vermicelli Noodle Salad

―

차갑게 즐기는 베트남&태국식 샐러드에 주로 사용되는 버미셀리 누들은
가장 얇은 종류의 쌀국수예요. 물에 살짝 데치기만 해도 금세 익는 데다
잘 퍼지지 않기 때문에 보틀 쿠킹에 사용하기 좋아요.

YOU NEED

버미셀리 누들 1묶음 • 칵테일 새우 4~5마리 • 당근 ¼개 • 양파 ¼개 •
초절임 양념(비정제 설탕, 식초, 물 1큰술씩, 소금 ½작은술) •
오이 약간 • 상추 1장 • 땅콩 1큰술 • 타이고추 피시소스(p.226) 1큰술 • 고수 1줄기 •
샐러드 소스(비정제 설탕, 식초 1큰술씩, 다진 마늘 ½작은술, 라임즙 약간)

HOW TO MAKE

1 버미셀리 누들은 찬물에 30분 정도 불려 끓는 물에 살짝 데칩니다. 새우도 가볍게 데치세요.

2 당근과 양파는 얇게 채 썬 다음 초절임 양념에 30분가량 재워 둡니다.

3 오이는 5cm 길이로 잘라 채 썰고 상추는 먹기 좋은 크기로 자릅니다. 땅콩은 마른 팬에 노릇하게 볶은 다음 칼로 굵게 다집니다.

4 병에 샐러드 소스와 타이고추 피시소스, 초절임한 당근과 양파, 오이, 상추, 버미셀리 누들과 새우를 차례로 담아요. 마지막으로 다진 땅콩과 고수를 올립니다.

홈메이드 인스턴트 미소 누들

Homemade Instant Miso Noodles

—

일본 된장은 뜨거운 물에 쉽게 풀어지기 때문에 물만 부어 완성하는 즉석 누들에 안성맞춤이에요. 냉장 보관이 가능하거나 금방 먹을 예정이라면 숙주를, 그렇지 않다면 절인 양파나 당근을 곁들이세요.

YOU NEED

버미셀리 누들 1묶음 • 미소(일본 된장) 1큰술 • 피시소스(또는 액젓) 1작은술 • 채 썬 양파 ¼컵 • 채 썬 당근 ¼컵 • 초절임 양념(비정제 설탕, 식초, 물 1큰술씩, 소금 ½작은술) • 삶은 달걀 1개 • 양송이버섯 1~2개 • 홍고추 ½개 • 고수 약간

HOW TO MAKE

1   채 썬 양파와 당근은 초절임 양념에 30분가량 재워 둡니다.

2   병에 미소와 피시소스를 담고 초절임한 양파와 당근, 버미셀리 누들을 차례로 올립니다.

3   삶은 달걀은 반으로 가르고, 양송이버섯은 얇게 썰고, 홍고추는 송송 썰고, 고수는 잎을 떼어 올리세요.

4   먹기 전에 달걀은 잠시 꺼내 두세요. 끓는 물을 부은 다음 10분 정도 두었다가 고루 저어 섞고 달걀을 올려 드시면 됩니다.

애호박 누들 파스타

Zucchini Noodle Pasta

—

애호박으로 국수를 만든 완벽한 글루텐프리 보틀 파스타입니다.
채소 면을 볶거나 끓일 때는 심지가 단단하게 살아있는 정도로
익혀야 나중에 쉽게 무르지 않아요.

YOU NEED

시금치 페스토(p.167) 3~5큰술 • 애호박 2개 • 올리브 오일 3큰술 •
다진 마늘 1작은술 • 칠리 페퍼 플레이크(생략 가능), 후춧가루 약간씩 •
어린잎 채소 1컵 • 선드라이드 토마토 5개(또는 방울토마토 3개) • 파르메산 치즈 ¼컵

HOW TO MAKE

1 스파이럴라이저에 애호박을 끼운 다음 돌려 애호박 누들을 만듭니다. 또는 필러를 이용해 호박을 길이대로 얇게 썬 다음 국수 모양으로 가늘게 채 썰어요.

2 올리브 오일과 다진 마늘, 칠리 페퍼 플레이크, 후춧가루를 팬에 담고 중간 불에 올립니다. 마늘 주변 오일에 거품이 일기 시작하면 애호박 누들을 넣고 단단하게 심지가 살아있을 정도로 살짝 볶아냅니다.

3 시금치 페스토를 병에 담고 애호박 누들, 선드라이드 토마토(또는 반으로 가른 방울토마토), 어린잎 채소, 파르메산 치즈를 순서대로 올립니다.

치킨 소바 비빔면

Chicken Soba Bibim Noodles

—

삶은 메밀면은 카놀라 오일과 같이 가벼운 오일에 살짝 코팅해 두면
퍼지는 것을 방지할 수 있어요. 비빔장은 다소 묽게 만들어야 나중에 섞기에
좋고요. 양파나 배, 키위 등을 갈아 더하면 감칠맛이 배가 됩니다.

YOU NEED

메밀면 1묶음 • 쪽파 1대 • 셀러리 ¼대 • 채 썬 당근 ¼컵 •
닭가슴살 ½쪽 • 소금, 후춧가루 약간씩 • 고수 1줄기 • 홍고추 슬라이스 2~3개 •
비빔장(고추장, 매실청, 식초 1큰술씩, 고춧가루, 맛술 1작은술씩, 다진 마늘 ½작은술)

HOW TO MAKE

1 메밀면은 소금을 넣은 물에 삶은 다음 찬물에 건져 물기를 제거합니다.

2 쪽파와 셀러리는 가늘게 어슷 썰어요.

3 닭가슴살은 소금과 후춧가루로 밑간하여 잠시 재워 두었다가 앞뒤로 밀가루를 바른 다음 탈탈 털어요. 기름을 두른 팬에 노릇하게 구운 후 식으면 가늘게 찢어 두세요.

4 병 가장 아래에 분량의 재료를 섞어 만든 비빔장을 깔고 쪽파와 당근, 셀러리, 메밀면, 닭가슴살을 차례로 올린 다음 굵게 자른 고수잎과 송송 썬 홍고추를 얹어 완성합니다.

비트 파스타

Beet Pasta

—

은은한 단맛을 내는 비트로 면을 만든 글루텐프리 파스타입니다.
비트의 붉은색을 내는 색소는 베타인이라는 성분으로 체내의 활성산소를
제거하고 세포 손상을 억제하는 효과가 있습니다.

YOU NEED

비트 1~2개 • 올리브 오일 3큰술 • 마늘 3쪽 • 소금, 후춧가루 약간씩 •
비트 후무스(p.173) 2~3큰술 • 시금치 ¼컵 • 염소 치즈(대체 가능) 1~2큰술 •
구운 피스타치오 2큰술

HOW TO MAKE

1. 스파이럴라이저에 껍질을 벗긴 비트를 끼운 다음 돌려 비트 누들을 만듭니다. 또는 비트를 길이대로 얇게 썬 다음 스파게티 형태로 가늘게 채 썰어요.

2. 팬에 오일을 두르고 얇게 썬 마늘을 넣어 마늘 기름을 낸 다음 비트 누들을 넣고 물러지지 않게 살짝 볶아요. 입맛에 따라 소금과 후춧가루로 적당히 간을 하세요.

3. 병에 비트 후무스를 담은 후 비트 누들, 시금치, 염소 치즈, 구운 피스타치오를 순서대로 올립니다.

NEW YORK STYLE BOTTLE COOKING | CHAPTER 4

08_ Bottle Dressings
09_ Spreads
10_ Pickles
11_ Compotes
12_ Infused Oils
13_ Infused Vinegars

Food in Jars

| 보틀에 담아 두고 먹는 **저장식 요리** |

08 보틀 드레싱

요즘 샐러드는 가벼운 전채요리의 이미지에서 벗어나 든든한 한 끼 식사로 자리매김했어요. 닭고기, 새우, 생선 등의 단백질과 퀴노아, 통보리, 메밀면, 병아리콩과 같은 탄수화물이 들어가는 등 재료도 더욱 다양해져 영양 면에서도 나무랄 데가 없고요. 개인적으로도 채소만 들어간 차가운 샐러드보다 여러 재료가 고루 어우러진 '배부른 샐러드'를 좋아하는 편이에요. 따뜻하게 즐기는 웜 샐러드도 좋아하고요. 샐러드의 맛을 살리려면 맛좋은 드레싱이 필수이지요. 그래서 여기에는 다양한 샐러드에 활용하기 좋은 드레싱을 담아 보았습니다. 보틀 샐러드 편에서도 활용할 수 있으니 드레싱이 어떻게 활용되는지 즐겁게 봐 주세요. 레시피 그대로 활용해도 좋고 자신만의 방법으로 응용하여 쓰셔도 좋습니다.

병에 만드는 샐러드드레싱의 장점은 여러 가지 도구가 필요 없다는 거예요. 오일과 식초, 그리고 허브나 향신료와 같은 부재료를 병에 넣고 뚜껑을 닫은 후에 흔들어주기만 해도 완성되지요. 그렇게 흔들어 만든 드레싱은 냉장고에 그대로 넣어 두고 2주 정도 사용할 수 있어요. 시판 드레싱의 라벨을 가만히 들여다보면 인공 감미료나 인공 향이 들어있는 건 물론이고 GMO 재료를 사용한 경우도 많아요. 흔히 쓰는 콩기름에도 GMO 콩을 사용한 제품들이 있는데 이렇게 유전적으로 변형된 대두유에는 만성 염증을 유발하는 오메가6 지방산이 들어있답니다. 홈메이드 드레싱은 만들기 쉽고 재료도 원하는 대로 건강한 것을 사용할 수 있으니 이왕이면 집에서 직접 만들어 쓰는 게 좋겠지요?

09 스프레드

스프레드의 대표 격이라 할 수 있는 페스토는 이탈리아에서 아주 오래전부터 먹기 시작한 소스예요. 바질에 마늘, 파르메산 치즈, 잣, 올리브 오일, 굵은 소금을 넣고 갈아 만들지요. 빵에 발라 먹거나 샐러드와 파스타, 피자 소스로 다양하게 활용할 수 있는데 바질 대신 케일, 시금치, 브로콜리 등으로 대신해 만들어도 맛있어요.

후무스는 이집트, 레바논 등에서 즐겨 먹는 소스예요. 삶은 병아리콩에 중동식 땅콩 소스인 타히니(Tahini), 올리브 오일, 레몬 주스, 마늘, 소금 등을 함께 넣고 갈아 만드는데 식물 단백질이 풍부하고 지방 함량은 낮아 다이어트식으로도 인기가 높아요. 곱게 갈면 부드러운 질감이 나고, 거칠게 갈면 씹는 맛을 살릴 수 있어요. 어떤 향신료를 넣는가에 따라 맛이 달라지기 때문에 중동에서는 집마다 고유의 후무스 레시피를 가지고 있답니다.

리예트는 원래 프랑스 중서부에서 즐겨 먹는 '돼지고기 잼'이에요. 염장한 고기를 오랜 시간 푹 삶은 다음 잘게 찢어 각종 허브와 양념으로 맛을 내지요. 오랜 시간 저온 조리하는 데다 고기 지방을 더하기 때문에 고기의 짙고 농후한 맛, 부드러운 질감을 느낄 수 있어요. 요즘은 돼지고기 외에 닭고기, 연어, 숭어 등 다양한 재료로 리예트를 만든답니다. 이 책에서는 고기 대신 연어를 사용하여 좀 더 간편하게 만들 수 있는 리예트 레시피를 준비했어요.

너트 버터는 견과류를 이용해 만든 스프레드예요. 아몬드, 헤이즐넛 등을 사용해 만든 너트 버터는 한 번 만들어 두면 그야말로 활용도가 무궁무진하답니다. 땅콩버터를 먹을 때처럼 빵에 발라 먹어도 되고, 음식을 만들면서 걸쭉한 질감을 내거나 고소한 맛을 더하고 싶을 때 넣어도 돼요. 건강한 지방과 비타민, 미네랄이 풍부하게 들어있지만 열량이 높은 편이니 너무 많은 양을 한 번에 먹지 않도록 주의하시고요.

⑩ 피클

홈메이드 피클처럼 오래 두고 먹는 병 요리를 만들 때는 우선 병을 소독해야 해요. 깨끗이 씻은 병을 끓는 물에 5분 정도 담갔다가 꺼낸 다음 피클을 담그면 저장성이 높아져 한두 달은 너끈히 두고 먹을 수 있지요.

피클로 만들 재료 중 파프리카, 고추, 피망처럼 표면에 매끈한 막이 있는 것은 이쑤시개로 쿡쿡 찔러 구멍을 내주어야 배합초가 속까지 고루 스며들어요. 브로콜리, 콜리플라워, 방울양배추, 연근과 같이 단단한 채소는 끓는 물에 살짝 데친 후 사용하는 게 좋고요. 일반적인 배합초의 비율은 물 : 식초 : 설탕 = 2 : 1 : 1이지만 콜리플라워나 아스파라거스, 브로콜리, 연근과 같이 고소한 맛이 나는 채소는 물의 양을 조금 더 늘려 채소 본연의 풍미를 살려주세요. 배합초는 팔팔 끓인 다음 뜨거울 때 부어야 채소 본연의 아삭아삭한 맛을 살릴 수 있답니다.

비정제 설탕을 사용해 피클을 담글 경우 단맛이 덜할 뿐더러 보관 기간 역시 짧아지는 단점이 있어요. 사실 백설탕을 쓰는 것이 맛있기도 하고, 색도 예쁘고, 피클을 오래 보관할 수 있어요. 재료 본연의 맛과 향이 잘 살아나기도 하고요. 하지만 건강을 생각한다면 조금 짧게 두고 먹더라도 비정제 설탕을 쓰는 것이 좋기 때문에 레시피에는 대부분 비정제 설탕을 사용했어요. 백설탕으로 대신한다면 양은 조금 적게 넣으셔도 돼요.

식초는 어느 것을 사용해도 되지만 향이 가장 적은 식초를 쓰는 게 좋아요. 허브 줄기는 1~2개만 더해도 맛이 확 달라지니 좋아하는 향의 허브를 조금만 더해주세요. 기본적으로 로즈메리, 타임, 세이지처럼 스파이시한 향이 나는 허브는 고기 요리에, 딜, 바질처럼 좀 더 섬세한 향이 나는 허브는 생선이나 채소 요리에 곁들이면 좋으니 쓰임을 잘 생각해 고르면 됩니다.

⑪ 콩포트

'콩포트(compote)'는 과일에 설탕, 와인 등을 넣고 졸여 만드는 과일 절임이에요. 만드는 방법은 잼이나 마멀레이드와 비슷하지만 설탕의 양이 적고 과육의 모양을 살려 만들기 때문에 씹는 맛이 있지요. 콩포트 자체를 차게 해서 디저트로 먹기도 하지만 빵이나 케이크 위에 장식으로 올리거나 아이스크림이나 요구르트에 곁들여도 맛있어요. 고구마 콩포트의 경우 버터를 약간 넣고 부드럽게 으깨면 스프레드로도 활용할 수 있답니다. 사과 콩포트는 파이의 속 재료로 쓰기에 좋고요. 시럽에도 과일의 풍미가 고스란히 남아있기 때문에 시럽에 약간의 꿀과 따뜻한 물을 더해 차로 즐기기에도 그만이에요. 상자째 산 과일을 먹다 먹다 지쳤을 때, B급 못난이 과일을 싸게 샀을 때, 이를 콩포트로 만들어 두면 두고두고 요긴하게 쓸 수 있어요. 특히 베리류나 무화과처럼 쉽게 무르는 과일은 콩포트로 만들어 냉장해 두면 제철이 아닐 때에 그 맛과 향을 오롯이 즐길 수 있답니다.

'아무리 저장식이지만 그래도 많은 양의 설탕을 넣기 꺼려진다'는 분들은 과육을 주스로 만든 다음 졸여 쓰세요. 예를 들어 블루베리 콩포트를 만든다면 생과를 3컵 준비한 다음 2컵은 블렌더에 곱게 갈아 주스를 만들어요. 블렌더에 간 블루베리 주스를 냄비에 넣고 약한 불에 졸이다가 걸쭉해지면 설탕과 나머지 과육을 넣고 한 번 더 뭉근하게 끓이는 거죠. 주스 : 과육의 비율은 2 : 1, 또는 3 : 1로 하면 되는데 주스의 양이 늘어날수록 설탕의 양을 줄이면 됩니다. 옛날 옛적, 제주 샐러드 앤 미미 사장님이 알려주신 퓌레 만드는 방법을 응용한 건데 이렇게 하면 설탕의 양을 확실히 줄일 수 있어요. 설탕의 양이 줄어드는 만큼 보관 기간은 조금 짧아진다는 사실을 기억하시고요. 마지막에 브랜디를 약간 넣으면 향이 훨씬 풍부해지고, 천일염을 넣으면 비타민의 산화가 방지될 뿐 아니라 맛도 좋아진답니다.

⑫ 인퓨즈드 오일

인퓨즈드는 우리말로 '재료에서 성분을 침출하는 방법'을 뜻해요. 허브나 향신료가 가진 고유의 향과 맛을 오일, 또는 식초에 우려내는 거죠. 인퓨즈드라는 단어도, 침출이라는 단어도 뭔가 굉장히 어려운 것처럼 들리지만 사실 만드는 방법은 무척 간단하답니다. 여기에서 소개하는 건 허브, 향신료, 채소즙을 넣어 만든 인퓨즈드 오일이에요. 인퓨즈드 오일은 그 자체로도 맛있는 소스가 되고, 샐러드나 빵에 뿌려 먹으면 음식의 풍미를 배로 높여준답니다.

허브 중에서 바질, 파슬리, 민트 같이 잎이 야들야들 부드러운 허브는 통째로 오일에 담가도 되지만 살짝 데친 후 담거나 즙을 내 섞으면 본연의 향과 맛을 잘 살릴 수 있어요. 타임, 로즈메리, 오레가노같이 줄기가 억센 허브 역시 잎만 따로 떼서 살짝 찧어 넣으면 더 깊은 향을 낼 수 있죠. 갈릭 오일을 만들 때는 열을 가한 오일을 사용하는데, 뜨거운 오일이 마늘 향을 잘 빨아들이기 때문이에요.

채소즙 오일 만들기 역시 어렵지 않아요. 시즌별로 마음에 드는 채소를 골라 채소즙을 낸 다음 불에 올려 반으로 졸이세요. 갓 짜내 졸인 채소즙에 오일을 1:1 비율로 섞으면 채소즙 오일이 완성됩니다. 채소는 한 가지만 써도 되고 기분에 따라 여러 개를 섞어도 좋아요. 채소즙을 졸일 때 시나몬 스틱이나 팔각, 카다몸 같은 향신료를 넣어주면 훨씬 고급스러운 풍미를 낼 수 있어요. 일반적으로 향과 맛이 가미된 플레이버드 오일을 만들 때 지용성 성분이 잘 우러나는 재료는 오일에 직접 넣어 우리고, 그렇지 않은 것은 채소즙 오일처럼 추출액을 혼합해 만들면 된답니다.

⑬ 인퓨즈드 식초

인퓨즈드 식초의 매력은 시중에서 산 식초에 손쉽게 개성 있는 맛과 향을 입힐 수 있다는 거예요. 과일, 허브, 향신료 등 어떤 것이든 식초에 넣어 맛과 향을 우려내면 되지요. 이렇게 만든 식초는 약간의 소금 후추만 더하면 훌륭한 샐러드드레싱이 됩니다. 빵을 찍어 먹어도 맛있고요. 인퓨즈드 식초를 만들 때는 가볍고 부드러운 맛을 내는 식초를 사용하는 게 좋아요. 사과 주스를 발효해 만드는 미국의 애플 사이다 식초, 유럽에서 많이 사용하는 와인 식초, 아시아에서 만드는 쌀 식초 등이 이에 해당되지요. 다른 것을 넣지 않고 원재료만 사용해 자연적으로 발효시킨 천연 식초일수록 몸에 좋은 유기산 함량이 높답니다.

화이트 와인 식초는 산뜻하고 깔끔한 맛이 나 여러 요리에 두루 잘 어울립니다. 레드 와인 식초는 사용 용도는 비슷하지만 맛이 좀 더 진하고 붉은색이 돌아요. 화이트 식초는 비교적 저렴한 옥수수를 발효해 만든 식초인데, 특별한 맛이 나지 않기 때문에 인퓨즈드 식초, 드레싱과 같이 다른 재료와 함께 섞는 요리에 쓰기 좋아요. 쌀 식초 역시 향이 강하지 않고 맛이 부드러워 인퓨즈드 식초를 만들기에 적당하고요.

인퓨즈드 식초를 요리용으로 만들 요량이면 사실 입맛에 맞는 어떤 종류의 식초를 사용해도 상관없어요. 다만 우리나라 식초는 외국 식초에 비해 산도가 약간 높은 편이니 인퓨즈드 식초는 물론 피클을 만들 때도 산도에 따라 양을 가감하는 것이 좋아요.

참, 재료는 손질한 다음 병에 넣기 전에 반드시 물기를 말끔히 제거하세요. 가볍게 으깬 다음 식초를 부으면 풍미가 더욱 잘 우러납니다. 냉장고에 며칠간 숙성을 마친 인퓨즈드 식초는 면포나 커피 필터를 이용해 한 번 걸러내고 사용하는 게 좋아요. 그래야 오래 두고 쓸 수 있거든요.

Dressings to jazz up your salad

8oz　보틀 드레싱 레시피는 8oz(약 250㎖)를 기준으로 합니다.

08

Bottle Dressings

Ranch Dressing • Vegan Honey Mustard • Mediterranean Olive Dressing • Balsamic Vinaigrette • Wasabi Avocado Mayo • Anchovy Caesar Dressing • Spicy Miso Dressing

랜치 드레싱

Ranch Dressing

—

랜치 드레싱은 고소하고 진한 맛이 매력이지만 지방 함량이 높아요.
그래서 마요네즈의 양을 덜고 그릭요거트를 넣어 칼로리를 줄여 보았어요.
샐러드드레싱은 물론 채소 스틱의 딥핑 소스로도 활용하기 좋습니다.

YOU NEED

그릭요거트 ⅔컵 • 마요네즈 ¼컵 • 다진 양파 2작은술 • 다진 마늘 1작은술 •
레몬즙 2큰술 • 꿀 1 ½큰술 • 소금, 후춧가루 1작은술씩 • 다진 파슬리 1큰술

HOW TO MAKE

분량의 재료를 병에 담고 고루 섞어 사용하세요.

비건 허니 머스터드

Vegan Honey Mustard

—

꿀벌이 만드는 꿀의 섭취도 제한하는 비건을 위해 아가베 시럽을 넣어 만든 허니 머스터드 소스예요. 매콤한 홀그레인 머스터드와 달콤한 아가베 시럽이 어우러져 튀김 요리에 잘 어울립니다.

YOU NEED

씨겨자(홀그레인 머스터드) **3큰술** • 아가베 시럽 **3큰술** • 애플 사이다 식초 **3큰술** • 엑스트라 버진 올리브 오일 **½컵** • 소금 **2작은술** • 후춧가루 **1 ½작은술**

HOW TO MAKE

분량의 재료를 블렌더에 넣고 재료가 부드럽게 섞일 때까지 갈아요.

지중해식 올리브 드레싱

Mediterranean Olive Dressing

—

올리브 오일, 생올리브, 허브, 마늘 등 건강한 지중해식 요리 재료가 듬뿍 들어간 드레싱이에요. 질 좋은 올리브 오일만 있다면 식초와 소금, 후추로 간을 맞추기만 해도 풍미가 좋은 드레싱이 만들어집니다.

YOU NEED

다진 올리브 1큰술 • 다진 마늘 ½큰술 • 레몬즙 1큰술 • 레드 와인 식초 ¼컵 •
엑스트라 버진 올리브 오일 ½컵 • 드라이 딜 또는 오레가노 1큰술 •
소금, 후춧가루 약간씩

HOW TO MAKE

1 소금과 후춧가루를 제외한 분량의 재료를 병에 담은 다음
고루 섞이도록 흔들어요.
2 소금과 후춧가루로 간해요.

발사믹 드레싱

Balsamic Vinaigrette

—

새콤달콤한 맛으로 잃어버린 입맛을 깨워 주는 풍미 좋은 드레싱입니다.
구운 채소나 스테이크 위에 살짝 뿌리기만 해도 감칠맛을 더할 수 있지요.
갓 구운 빵에 찍어 먹어도 맛있어요.

YOU NEED

발사믹 식초 ⅓컵 • 엑스트라 버진 올리브 오일 ⅓컵 • 디종 머스터드 1큰술 •
꿀 1큰술 • 소금, 후춧가루 1작은술씩

HOW TO MAKE

분량의 재료를 병에 담은 다음 고루 섞일 때까지 흔들거나 블렌더에 넣고
가볍게 갈아요.

아보카도 와사비 마요

Wasabi Avocado Mayo

—

마요네즈의 양을 줄이고 아보카도로 부드러운 맛을 낸 드레싱입니다.
와사비의 톡 쏘는 매운맛이 느끼함을 잡아주어 튀김 요리를
찍어 먹는 딥핑 소스로 활용하기에도 좋아요.

YOU NEED

아보카도 ½개 • 마요네즈 ¼컵 • 고추냉이 ½큰술 • 레몬즙 ½큰술 • 간장 ¼작은술 •
라임즙 약간(생략 가능) • 카놀라 오일 2큰술(생략 가능)

HOW TO MAKE

1 카놀라 오일을 제외한 재료를 블렌더에 곱게 갈아요.
2 그대로 사용해도 좋고, 묽은 질감을 원한다면 카놀라 오일처럼 향이 적은 오일을
추가하여 갈아요. 완성된 드레싱은 병에 담아 냉장 보관합니다.

안초비 시저 드레싱

Anchovy Caesar Dressing

—

짭조름한 안초비에 상큼한 레몬을 더한 시저 드레싱이에요.
콜드 파스타, 샐러드 등과 잘 어울리지요. 입에 착 감기는 감칠맛 덕분에
가장 좋아하는 드레싱이기도 합니다.

YOU NEED

안초비 1마리 • 레몬 ½개 • 다진 마늘 1큰술 • 디종 머스터드 1큰술 •
레몬즙 2큰술 • 그릭요거트 2큰술 • 파르메산 치즈 가루 ¼컵 •
멸치액젓, 후춧가루 ¼작은술씩 • 엑스트라 버진 올리브 오일 ½컵

HOW TO MAKE

1 안초비는 칼로 곱게 다집니다. 레몬은 껍질은 제스트하고 과육은 즙을 냅니다.

2 블렌더에 1과 나머지 재료를 모두 담아 곱게 갈아요.
질감을 살리고 싶다면 병에 넣고 고루 섞이도록 흔들어주세요.

매콤 미소 드레싱

Spicy Miso Dressing

―

짭조름하면서 부드러운 일본 된장과 매콤한 고춧가루, 달콤한 꿀, 고소한 아몬드 버터 등 다양한 맛이 어우러진 드레싱입니다. 여러 샐러드에 두루두루 활용할 수 있어요.

YOU NEED

미소(일본 된장) 2큰술 • 칠리파우더 또는 고운 고춧가루 1큰술 • 꿀 1 ½큰술 • 다진 생강 ½큰술 • 아몬드 버터 1큰술 • 레몬즙 1큰술 • 카놀라 오일 ½컵 • 파프리카 파우더 ½큰술(생략 가능)

HOW TO MAKE

분량의 재료를 블렌더에 담은 다음 고루 섞이도록 갈아요.

Spreads on Bread

16oz 스프레드 레시피는 16oz(약 500㎖)를 기준으로 합니다.

09

Spreads

Spinach Pesto • Salmon Rillettes • Hummus • Beet Hummus • Carrot Hummus • Almond Butter • Espresso Nut Butter • Vegan Nutella

시금치 페스토

Spinach Pesto

—

일반적으로는 바질 페스토를 즐겨 먹지만 여기에서는 시금치를 활용한 페스토를 만들어 보았어요. 완성된 페스토 위에 올리브 오일을 부어 공기와의 접촉을 차단하면 1~2주 정도 냉장 보관해 두고 먹을 수 있습니다.

YOU NEED

시금치 2컵 • 브로콜리 2컵 • 아몬드 ½컵 • 케이퍼 2큰술 • 마늘 3쪽 •
화이트 체더 치즈 1컵 • 엑스트라 버진 올리브 오일 ½컵

HOW TO MAKE

1 브로콜리는 소금을 넣은 물에 가볍게 데치고, 아몬드는 마른 팬에 노릇하게 구워요.

2 블렌더에 시금치, 데친 브로콜리, 구운 아몬드, 케이퍼, 마늘, 체더 치즈와 함께 올리브 오일을 절반가량 넣고 갈아요. 농도를 보아가며 오일 양을 조절해줍니다.

연어 리예트

Salmon Rillettes

—

연어 리예트를 구운 빵 위에 올려 먹으면 식사 대용으로 좋고, 크래커 위에 올리면 술안주로도 그만이에요. 완성된 리예트는 냉장고에 30분 이상 넣어 두었다가 드세요. 냉장 보관하면 일주일 정도 드실 수 있어요.

YOU NEED

연어 1토막(300g) • 크림 치즈(또는 버터) 4큰술 • 요구르트 2큰술 • 올리브 오일 1큰술 • 레몬즙 1큰술 • 비정제 설탕 2큰술 • 다진 샬럿(또는 다진 양파) 2작은술 • 드라이 세이지 ¼작은술(다른 허브로 대체하거나 생략 가능) • 소금, 후춧가루 약간씩

HOW TO MAKE

1 연어는 큼직하게 깍둑 썰어 올리브 오일을 두른 팬에 구워요. 너무 오래 익히면 살이 퍽퍽해지니 수분을 촉촉하게 머금은 정도로 적당하게 익히세요. 익힌 연어는 식혀 손이나 포크로 잘게 부수거나 블렌더에 곱게 갈아요.

2 실온에 두어 부드러워진 크림 치즈에 요구르트, 올리브 오일, 레몬즙, 설탕, 다진 샬럿, 세이지 가루를 넣고 고루 섞어줍니다.

3 연어를 2에 넣고 잘 섞은 다음 소금과 후춧가루로 입맛에 맞게 간합니다.

후무스

Hummus

—

빵에 찍어 먹어도 좋고, 샐러드드레싱이나 채소나 칩의 딥핑 소스로도 활용할 수 있는 후무스. 비교적 부담 없이 즐길 수 있는 레시피를 준비했지만 좀 더 현지 스타일로 즐기고 싶다면 너트 버터 대신 중동식 참깨소스인 타히니나 커민과 같은 향신료를 과감히 더해 보세요.

YOU NEED

삶은 병아리콩 2컵 • 마늘 2쪽 • 레몬즙 2큰술 • 커민 파우더 1작은술(생략 가능) • 너트 버터 1큰술(생략 가능) • 엑스트라 버진 올리브 오일 ½컵 • 소금 1~2작은술

HOW TO MAKE

1 블렌더에 삶은 병아리콩, 마늘, 레몬즙, 커민 파우더와 올리브 오일을 약간 넣고 함께 갈아요. 원래 후무스를 만들 때는 타히니라는 중동식 참깨 소스를 넣는데 대신 너트 버터 1큰술을 더하거나 생략해도 돼요. 커민 역시 향이 익숙지 않다면 생략해도 좋아요. 올리브 오일은 한꺼번에 넣지 말고 농도를 보아가며 조금씩 더해줍니다.

2 크림 같은 상태가 되면 소금으로 간을 합니다. 조금씩 넣고 맛을 보며 갈아요.

비트 후무스

Beet Hummus

—

선명한 색에 반해 만들게 된 후무스예요. 은은한 단맛이 나는 비트 덕에 고소하고 달콤한 맛을 즐길 수 있어요. 색도 예쁘지만 항산화 효과가 있는 피토케미컬이 풍부하게 들어있어 영양 면에서도 나무랄 데가 없지요.

YOU NEED

비트 1개 • 삶은 병아리콩 1 ½컵 • 마늘 2~3쪽 • 레몬즙 1큰술 •
엑스트라 버진 올리브 오일 ½컵 • 소금 1~2작은술 •
레몬 제스트 약간 • 소금, 후춧가루 약간씩

HOW TO MAKE

1 비트에 올리브 오일을 바르고 소금을 뿌린 다음 포일로 잘 감싸줍니다. 180도로 예열한 오븐에 넣고 1시간가량 구운 다음 껍질을 벗겨 식힙니다.

2 블렌더에 구운 비트와 삶은 병아리콩, 마늘, 레몬즙, 올리브 오일을 넣고 부드러운 질감이 날 때까지 갈아요. 올리브 오일은 한꺼번에 넣지 말고 농도를 봐가면서 조금씩 더해줍니다.

3 완성된 후무스에 레몬 제스트를 넣어 섞고 소금과 후춧가루로 간합니다.

당근 후무스

Carrot Hummus

―

레몬 제스트가 더해져 다른 후무스에 비해 더욱 향긋하게 즐길 수 있어요.
빵에 발라 먹어도 좋고 샌드위치나 샐러드에 소스처럼 활용해도 좋아요.
채소 스틱을 찍어 먹는 딥핑 소스로도 그만이지요.

YOU NEED

당근 1개 • 삶은 병아리콩 1 ½컵 • 올리브 오일 ¼컵 • 레몬즙 2큰술 • 마늘 2쪽 •
꿀 1큰술 • 레몬 제스트 2큰술 • 소금 1~2작은술 • 카이엔 페퍼 또는 고운 고춧가루 1작은술

HOW TO MAKE

1. 블렌더에 당근, 삶은 병아리콩, 올리브 오일, 레몬즙, 마늘, 꿀을 넣고 부드러운 질감이 날 때까지 갈아요.

2. 소금으로 간하고 레몬 제스트를 넣어 고루 섞은 다음 카이엔 페퍼나 고운 고춧가루를 뿌려줍니다.

아몬드 버터

Almond Butter

—

땅콩버터를 대신해 즐기는 가장 대표적인 너트 버터입니다.
스무디나 스무디 볼을 만들 때 넣으면 지방과 단백질을 보충할 수 있어요.

YOU NEED

생아몬드 2컵 • 코코넛 오일 1큰술 • 시나몬 파우더 1작은술 •
바닐라 진액 1작은술 • 소금 ½작은술

HOW TO MAKE

1 아몬드는 트레이에 펴서 180도로 예열한 오븐에 10분가량 구워요. 오븐이 없다면 마른 팬에 노릇하게 구우세요.

2 블렌더에 구운 아몬드와 코코넛 오일, 시나몬 파우더, 바닐라 진액, 소금을 넣고 3~5분 정도 갈아요. 중간중간 스패츌러로 가장자리를 훑어가며 재료가 완전히 섞이도록 해주세요.

에스프레소 너트 버터

Espresso Nut Butter

—

노스캐롤라이나에서 생산되는 에스프레소 버터를 선물 받아 먹어본 후 그 맛에 반해 직접 만든 레시피예요. 원두 가루를 한 숟가락 더했을 뿐인데 맛도 모양도 색다르게 변신합니다.

YOU NEED

땅콩 1컵 • 캐슈너트 1컵 • 원두 가루 1큰술 • 바닐라 진액 1작은술 •
메이플 시럽 2큰술 • 소금 ½작은술

HOW TO MAKE

1 땅콩과 캐슈너트는 트레이에 펴서 180도로 예열한 오븐에 10~12분간 구워요. 오븐이 없다면 팬에 노릇하게 구우세요.

2 구운 너트를 식혀 블렌더에 넣고 원두 가루와 함께 곱게 갈아요. 원두를 통째 넣기보다 그라인딩한 가루를 넣어야 고루 섞인답니다. 중간중간 스패츌러로 가장자리를 훑어가며 3~5분 정도 돌립니다.

3 바닐라 진액, 메이플 시럽, 소금을 넣고 30초 정도 더 갈면 완성이에요.

비건 누텔라

Vegan Nutella

카카오 파우더로 만들어 쌉쌀한 맛이 진하게 나는 초콜릿 스프레드예요. 처음에는 다소 퍽퍽한 것 같지만 재료를 섞을수록 너트에서 오일이 배어 나와 부드러운 질감으로 변하니 재료들이 완전히 섞일 때까지 충분히 갈아주세요.

YOU NEED

생헤이즐넛(또는 생아몬드) 2컵 • 다크 코코아 파우더 3큰술 • 코코넛 오일 1큰술 • 메이플 시럽 1큰술 • 바닐라 진액 1작은술 • 소금 ½작은술

HOW TO MAKE

1 헤이즐넛은 180도로 예열한 오븐에 15분가량 구워요. 오븐이 없다면 팬에 노릇한 갈색이 돌 때까지 구우세요.

2 마른행주 사이에 구운 헤이즐넛을 넣고 문질러 껍질을 제거합니다.

3 껍질을 깐 헤이즐넛을 블렌더에 담고 다크 코코아 파우더, 코코넛 오일, 메이플 시럽, 바닐라 진액, 소금과 함께 부드럽게 갈면 완성입니다.

Simple Homemade Pickles

피클 레시피는 32oz(약 1ℓ)를 기준으로 합니다.

10

Pickles

Pickled Yuzu Veggie Medley • Pickled Paprika & Peppers • Spicy Pickled Cucumber • Radish Pickles • Balsamic Pickled Onion • Pickled Asparagus

콜리플라워 방울양배추 피클

Pickled Yuzu Veggie Medley

—

고소한 맛이 나는 콜리플라워와 방울양배추에 유자청으로 달콤한 맛을 더한 피클입니다. 그 자체로도 맛있지만 잘게 썰어 코울슬로처럼 즐겨도 좋아요.

YOU NEED

콜리플라워 ½개 • 방울양배추 10개 • 레몬 ½개 • 유자청 ¼컵 •
배합초(물, 화이트 식초, 비정제 설탕 1컵씩, 소금 2큰술, 겨자 씨 1작은술)

HOW TO MAKE

1 콜리플라워는 송이송이 모양을 살려 칼로 자르고 방울양배추는 반으로 가릅니다. 손질한 채소는 끓는 물에 식초를 약간 넣고 1~2분가량 가볍게 데쳐요.

2 냄비에 분량의 배합초 재료를 넣고 끓어오르면 중 · 약불로 줄여 10분 정도 더 끓입니다. 마지막에 얇게 썬 레몬과 유자청을 넣고 우르르 끓인 다음 불에서 내려요.

3 소독한 병에 데친 채소를 담고 끓인 배합초를 부은 다음 식으면 냉장 보관합니다.

고추 파프리카 피클

Pickled Paprika & Peppers

—

매콤 새콤 달콤한 맛의 피클입니다. 표면에 매끈한 막이 있는 고추와
파프리카는 통째로 쓸 경우 이쑤시개로 쿡쿡 찔러 구멍을 내 주어야 합니다.

YOU NEED

빨강, 주황, 노랑 파프리카 1개씩 • 셀러리 3대 • 청양고추 2~3개 •
배합초(물 2컵, 화이트 식초 1컵, 비정제 설탕 1컵, 레몬즙 1개 분량, 로즈메리 2줄기,
코리앤더 1작은술, 통 레드페퍼 ¼작은술)

HOW TO MAKE

1 파프리카는 반으로 갈라 씨를 제거한 다음 먹기 좋은 크기로 자릅니다. 미니 파프리카 라면 반으로 가르기만 해도 됩니다.

2 셀러리를 깨끗이 씻어 물기를 제거한 후 먹기 좋은 크기로 자르고, 청양고추는 이쑤시개로 콕콕 찔러주세요.

3 냄비에 분량의 배합초 재료를 넣고 센 불에 올린 다음 끓으면 약한 불로 줄여 10분 가량 더 끓입니다.

4 소독한 병에 준비한 재료를 담고 끓인 배합초를 부은 다음 식으면 냉장 보관합니다.

스파이시 오이 피클

Spicy Pickled Cucumber

—

칼칼하면서도 개운한 맛이 나는 피클입니다. 햄버거나 샌드위치 등을 먹을 때 곁들여도 되지만 그 자체를 굵게 다져 샌드위치나 햄버거, 핫도그, 볶음밥의 속 재료로 활용해도 좋습니다.

YOU NEED

베이비 오이 5~6개 • 라임 1개 • 레드페퍼 플레이크(또는 굵은 고춧가루) ¼작은술 •
배합초(물 2컵, 쌀 식초 1컵, 비정제 설탕 1컵, 천일염 1작은술,
겨자 씨 2작은술, 통후추 1작은술, 마늘 2쪽)

HOW TO MAKE

1 오이는 반으로 가릅니다. 다다기오이나 취청오이라면 2~3개를 준비해 반으로 자른 다음 길이대로 썰고, 라임은 얇게 썰어요.

2 냄비에 분량의 배합초 재료를 넣고 끓어오르면 중·약불로 줄여 10분 정도 더 끓입니다.

3 소독한 병에 오이와 라임을 담고 끓인 배합초를 부은 다음 레드페퍼 플레이크를 넣어요. 레드페퍼 플레이크가 없다면 굵은 고춧가루로 대신해도 좋아요. 식으면 냉장 보관해 두고 씁니다.

래디시 피클

Radish Pickles

—

예쁜 모양 덕에 샐러드나 샌드위치에 넣으면 요리의 포인트가 되는 피클.
래디시에는 녹말을 분해하는 디아스타아제 성분이 들어있어
고기나 생선 요리를 먹을 때 곁들이면 소화를 도와줍니다.

YOU NEED

래디시 2묶음(20~30개) • 배합초(물 1½컵, 화이트 와인 식초 1½컵, 소금 1⅓큰술,
비정제 설탕 ½컵, 겨자 씨 ½작은술, 월계수잎 1장)

HOW TO MAKE

1 래디시는 얇게 썰어요. 래디시를 구하기 어렵다면 무를 써도 좋아요. 무 역시 쌈무를 만들 때처럼 얇게 썰어 사용해요.

2 냄비에 분량의 배합초 재료를 넣고 끓어오르면 중 · 약불로 줄여 10분 정도 더 끓입니다.

3 소독한 병에 래디시를 담고 끓인 배합초를 부은 다음 식으면 냉장 보관합니다.

양파 샬럿 발사믹 피클

Balsamic Pickled Onion

—

샬럿은 양파의 ¼정도 되는 크기로 모양은 비슷하지만 훨씬 고급스럽고 섬세한 맛과 향을 지니고 있어요. 한두 조각만 다져 넣어도 요리의 풍미를 돋우지요. 구하기 어렵다면 양파로 대신하고 마늘 한두 쪽을 더해 주세요.

YOU NEED

양파 1개 • 샬럿 5~10개(양파로 대체 가능) • 타임 2~3줄기 •
배합초(물 2컵, 발사믹 식초 ½컵, 식초 ½컵, 비정제 설탕 1컵, 마른 고추 2개,
겨자 씨 ½작은술, 월계수잎 1장, 소금 1큰술)

HOW TO MAKE

1 양파는 껍질을 벗겨 먹기 좋은 크기로 자르고 샬럿은 반으로 가릅니다.

2 냄비에 분량의 배합초 재료를 넣고 센 불에 올린 다음 끓어오르면 약불로 줄여 10분 가량 더 끓입니다. 타임은 마른 것이라면 배합초 재료와 함께 넣고 끓이고, 생타임이라면 불에서 내린 후 마지막에 넣으세요.

3 소독한 병에 양파와 샬럿을 담고 끓인 배합초를 부은 다음 식으면 냉장 보관합니다.

아스파라거스 피클

Pickled Asparagus

—

아삭한 식감이 일품인 아스파라거스 피클은 스테이크 가시니로도 근사해요. 먹기 좋은 크기로 잘라 샐러드에 곁들여도 좋고요.

YOU NEED

아스파라거스 1묶음(20개) • 라임 1개 •
배합초(물 2컵, 화이트 식초 1컵, 비정제 설탕 1컵, 통후추 10알,
겨자 씨 ½작은술, 마른 고추 2개, 마늘 2~3쪽, 월계수잎 1장)

HOW TO MAKE

1 아스파라거스는 뿌리 쪽 단단한 부분을 잘라낸 다음 소금을 약간 넣어 끓인 물에 살짝 데쳐요.

2 라임은 반으로 갈라 ½개만 얇게 썰어요.

3 냄비에 분량의 배합초 재료를 넣어 센 불에 올리고 끓기 시작하면 중간 불로 줄여 10분가량 더 끓여요.

4 소독한 병에 아스파라거스와 얇게 썬 라임을 담고 끓인 배합초를 부어요. 남은 ½개의 라임을 짜 넣은 다음 식으면 냉장 보관합니다.

Yummy Sweets, Compotes

16oz 콩포트 레시피는 16oz(약 500㎖)를 기준으로 합니다.

11

Compotes

Honey Pear Compote • Peach Compote • Grape Compote • Orange Ginger Compote • Apple Cinnamon Compote • Sweet Potato Compote • Mixed Berry Compote

배 꿀 콩포트

Honey Pear Compote

—

배로 만든 콩포트는 그 자체로도 맛있지만 환절기에 뜨거운 물을 부어 차로 즐겨도 좋아요. 파이를 만들 때 속 재료로 쓰거나 건포도를 더해 아이스크림에 곁들여도 잘 어울립니다.

YOU NEED

배 1개 • 사과 주스 1컵 • 화이트 와인 1컵 • 꿀 3큰술 • 팔각 2개 • 시나몬 스틱 1개

HOW TO MAKE

1 배는 껍질을 벗기고 적당한 크기로 자릅니다.

2 냄비에 사과 주스와 화이트 와인, 꿀을 넣고 센 불에 올린 다음 끓으면 약한 불로 줄이고 배, 팔각, 시나몬 스틱을 넣어 배가 투명하고 부드러워질 때까지 익힙니다.

3 포크나 칼로 찔러보았을 때 배를 부드럽게 관통하면 완성입니다. 완성된 콩포트는 소독한 병에 담아 식힌 후 냉장 보관해 두고 사용합니다.

복숭아 콩포트

Peach Compote

―

복숭아 콩포트는 아이스크림, 또는 요구르트와 함께 먹으면 맛있어요.
복숭아 콩포트 역시 파이 속 재료로 활용이 가능합니다.

YOU NEED

복숭아 2개 • 물 1컵 • 화이트 와인 ⅓컵 • 비정제 설탕 ⅔컵 •
레몬즙 1 ½큰술 • 바닐라 진액 1작은술

HOW TO MAKE

1 복숭아는 껍질을 벗기고 적당한 크기로 자릅니다.

2 냄비에 물과 화이트 와인, 설탕을 넣고 설탕이 완전히 녹을 때까지 끓여요.

3 2에 복숭아와 레몬즙, 바닐라 진액을 넣고 복숭아가 코팅되도록 5분 정도 저어가며 익힙니다.

4 불을 줄이고 복숭아가 완전히 익을 때까지 15~20분가량 약한 불에 익히세요. 완성된 콩포트는 소독한 병에 담아 식힌 후 냉장 보관해 두고 사용합니다.

포도 콩포트

Grape Compote

—

아이스크림, 요구르트, 오트밀 등에 다양하게 곁들일 수 있어요.
생크림 케이크의 토핑으로 활용해도 좋습니다.

YOU NEED

포도 2컵 • 비정제 설탕 ⅓컵 • 레몬즙 3큰술 • 정향 1개 • 소금 약간

HOW TO MAKE

1 포도는 알알이 떼어 깨끗이 씻은 다음 물기를 제거하세요.

2 냄비에 분량의 재료를 넣고 설탕이 녹을 때까지 살살 젓다가 불을 줄이고 약한 불에서 **10분가량** 뭉근하게 끓입니다.

3 완성된 콩포트는 소독한 병에 담아 식힌 후 냉장 보관해 두고 사용합니다.

오렌지 생강 콩포트

Orange Ginger Compote

—

향긋한 맛과 향이 일품인 콩포트예요. 과육이 무르기 때문에 모양이 망가지지 않도록 약한 불에 뭉근하게 졸여야 해요. 마지막에 소금과 브랜디를 넣으면 풍미를 높일뿐 아니라 저장 기간을 늘릴 수 있어요.

YOU NEED

오렌지 2개 • 비정제 설탕 3큰술 • 생강즙 2작은술 •
오렌지 제스트 1큰술 • 물 1~2큰술 • 소금, 브랜디 약간씩(생략 가능)

HOW TO MAKE

1 오렌지는 껍질을 깐 다음 적당한 크기로 자릅니다.

2 블렌더에 1개 분량의 오렌지와 물을 넣고 곱게 간 다음 냄비에 담고 나머지 오렌지와 설탕, 오렌지 제스트를 넣고 약한 불에 졸입니다.

3 주스가 걸쭉해질 때까지 뭉근하게 끓인 후 마지막에 소금 약간과 브랜디 1작은술을 넣습니다. 완성된 콩포트는 소독한 병에 담아 식힌 후 냉장 보관해 두고 사용합니다.

애플 시나몬 콩포트

Apple Cinnamon Compote

—

사과와 계핏가루의 조합은 찐빵에 팥소, 김밥에 단무지 같은 찰떡궁합이지요. 사과 콩포트는 파이의 속 재료로 즐겨 쓰는데, 구운 치즈 위에 메이플 시럽을 약간 뿌리고 사과 콩포트를 올리면 훌륭한 와인 안주가 됩니다.

YOU NEED

사과 1~2개 • 버터 1큰술 • 메이플 슈가 ¼컵 • 바닐라 진액 1큰술 •
계핏가루 1작은술 • 소금 약간 • 건포도 2큰술(생략 가능)

HOW TO MAKE

1 사과는 반으로 가른 다음 얇게 썰어요.

2 버터를 두른 냄비에 사과와 설탕, 바닐라 진액을 넣고 사과가 부드러워질 때까지 중약불에 5분가량 저어가며 익힙니다. 사과에서 수분이 나오고 부드러워지면 나머지 재료를 넣고 약한 불에서 뭉근하게 한 번 더 끓여요. 너무 되직하다 싶으면 물을 1~2큰술 정도 더해도 됩니다.

3 완성된 콩포트는 소독한 병에 담아 식힌 후 냉장 보관해 두고 사용합니다.

고구마 콩포트

Sweet Potato Compote

—

파이 속 재료, 케이크 토핑으로 쓰거나 부드럽게 으깨 스프레드로 사용해요.
생크림과 피스타치오 등의 견과류에 곁들여 먹어도 맛있어요.

YOU NEED

고구마 1~2개 • 버터 1큰술 • 흑설탕 ¼컵 • 메이플 시럽 2큰술 •
시나몬 파우더 ¼작은술 • 소금 약간 • 물 ½컵

HOW TO MAKE

1 고구마는 껍질을 벗긴 다음 사방 2cm 정도의 크기로 깍둑 썹니다.

2 냄비에 고구마와 버터를 넣고 1분 정도 볶다가 설탕, 메이플 시럽, 시나몬 파우더, 소금을 넣고 부드럽게 섞어요.

3 물을 붓고 뚜껑을 닫은 후 약한 불에서 15~20분 정도 익힙니다.

4 완성된 콩포트는 소독한 병에 담아 식힌 후 냉장 보관해 두고 사용합니다.

믹스 베리 콩포트

Mixed Berry Compote

—

여러 가지 베리를 섞어 만든 콩포트예요. 베리는 냉동을 사용해도 돼요.
요구르트에 넣어 먹어도 좋고 와플과 팬케이크에 곁들여도 근사하답니다.

YOU NEED

베리(딸기, 블루베리, 라즈베리 등) 3컵 • 오렌지 주스 3큰술 • 비정제 설탕 ¼컵 •
레몬즙 1큰술 • 레몬 제스트 1큰술 • 생강즙 1작은술

HOW TO MAKE

1 베리는 딸기, 블루베리, 라즈베리 등 원하는 것으로 준비하세요.

2 냄비에 분량의 재료를 모두 넣고 센 불에 올린 다음 나무주걱으로 살살 저어요. 거품이 일기 시작하면 약한 불로 줄이고 10~15분가량 뭉근하게 끓입니다.

3 완성된 콩포트는 소독한 병에 담아 식힌 후 냉장 보관해 두고 사용합니다.

Aromatic Infused Oils

16oz 오일 레시피는 16oz(약 500㎖)를 기준으로 합니다.

12

Infused Oils

Garlic Herb Oil • Basil Oil • Thyme Rosemary Oil • Spiced Oil • Carrot Oil • Walnut Oil • Thai Pepper Fish Sauce

갈릭 허브 오일

Garlic Herb Oil

—

빵을 찍어 먹거나 샐러드와 구운 채소 드레싱으로 두루두루 쓸 수 있는 오일입니다. 면포에 오일을 거른 다음 구운 마늘 알맹이와 새로운 타임 줄기를 더해 넣고 냉장 보관해 씁니다.

YOU NEED

엑스트라 버진 올리브 오일 1컵 • 통마늘 ½개 • 천일염 약간 • 통후추 2~3알 • 타임 1줄기

HOW TO MAKE

1 마늘은 통째 반으로 잘라주세요. 껍질은 벗기지 않아도 됩니다.

2 오븐용기에 마늘과 나머지 재료를 넣고 포일로 덮은 다음
150도로 예열한 오븐에 1시간 동안 구워요.

3 2를 오븐에서 꺼낸 다음 포일을 덮은 상태로 실온에 30분간 두어 향을 충분히 우려냅니다.

4 오일을 면포에 거른 다음 구운 마늘 알맹이와 새로운 타임 줄기를 더해 넣고
냉장 보관해 두고 씁니다. 한 달 가량 사용할 수 있습니다.

바질 오일

Basil Oil

파스타 소스나 샐러드드레싱으로 활용하기 좋은 오일입니다.
완성된 바질 오일은 하루 동안 냉장 보관해 두었다가 면포에 걸러
사용합니다. 일주일 정도 두고 사용할 수 있습니다.

YOU NEED

바질 1컵 • 엑스트라 버진 올리브 오일 1컵

HOW TO MAKE

1 바질은 뜨거운 물에 15초 정도 데친 다음 재빨리 찬물에 헹굽니다. 이 과정을 거쳐야 색이 예쁩답니다. 데친 바질은 물기를 깨끗이 닦아 말립니다.

2 데친 바질 ½컵에 동량의 오일을 넣은 다음 블렌더로 곱게 갈아요.

3 2의 바질 페이스트를 소독한 병에 넣고 올리브 오일 ½컵을 더해 흔들어 섞은 후 사용해요.

타임 로즈메리 오일

Thyme Rosemary Oil

—

향긋한 허브향이 더해져 생선이나 고기를 재울 때 쓰기 좋은 오일이에요.
물론 그 자체를 샐러드 소스나 빵을 찍어 먹는 용도로 활용해도 되고요.
냉장 보관해 두고 쓰면 한 달 정도 사용이 가능합니다.

YOU NEED

타임 ¼컵 • 로즈메리 ¼컵 • 엑스트라 버진 올리브 오일 1컵

HOW TO MAKE

1 타임과 로즈메리는 잎을 떼어 준비한 다음 가볍게 다집니다.

2 소독한 병에 오일과 허브를 넣고 실온에서 2시간 이상 우린 후 사용하세요.

스파이시 오일

Spiced Oil

—

카레 파우더, 커민 파우더, 파프리카 파우더, 후춧가루 등 매운 향신료 중
좋아하는 종류 하나를 골라 만들어요. 코코넛 오일을 이용한다면
실온에 두고 액체 상태로 만든 후 사용하세요.

YOU NEED

향신료 1½큰술 • 물 4작은술 • 코코넛 오일 또는 엑스트라 버진 올리브 오일 ¾컵

HOW TO MAKE

1 향신료는 곱게 간 다음 물과 섞어 페이스트 형태로 만들어요. 향신료가 너무 뻑뻑하면 물을 조금 더 추가해도 됩니다.

2 소독한 병에 향신료 페이스트를 담고 오일을 부어요.

3 병을 밀봉한 후 냉장고에 넣어 두고 수시로 위아래로 흔들어줍니다. 이틀이 지나면 오일을 면포에 거른 다음 냉장 보관해 두고 씁니다.

당근 오일

Carrot Oil

—

당근 대신 비트, 파프리카 등 다른 채소를 사용해서 만들어도 좋아요.
채소즙 오일은 병을 꼭 닫아 냉장 보관하면 2주 정도 사용할 수 있어요.
맛과 색이 고루 퍼지도록 사용 전에 꼭 흔들어주세요.

YOU NEED

당근 5~6개 • 시나몬 스틱 1개 • 엑스트라 버진 올리브 오일 또는 카놀라 오일 ½컵

HOW TO MAKE

1 주서나 블렌더로 당근을 갈아 당근 주스 1컵을 만듭니다.

2 당근 주스가 절반으로 졸아들 때까지 약한 불에 졸입니다.

3 졸아든 당근 주스에 동량의 올리브 오일을 부은 후 흔들어서 사용하세요.

호두 오일

Walnut Oil

—

진하고 고소한 호두의 풍미를 고스란히 담고 있는 오일로
쿠키나 케이크처럼 너트향이 필요한 모든 요리에 두루 사용할 수 있어요.
몸에 좋은 오메가3 등의 불포화 지방산이 풍부하게 들어있습니다.

YOU NEED

다진 호두 ¼컵 • 카놀라 오일 1컵

HOW TO MAKE

1 호두는 베이킹 트레이에 얇게 편 다음 **150**도로 예열한 오븐에 1시간가량 구워 식힙니다. 오븐이 없다면 마른 팬에 넣고 갈색이 날 때까지 중간 불에서 구우세요.

2 소독한 병에 구운 호두와 오일을 넣고 밀봉한 다음 냉장 보관해 두고 씁니다. 한 달 정도 사용이 가능합니다.

타이고추 피시소스

Thai Pepper Fish Sauce

—

매콤하고 짭조름한 감칠맛을 내는 타이고추 피시소스는
다양한 국물 요리 및 샐러드에 두루 사용하는 소스예요.
만든 소스는 2~3일 두고 먹는데 입맛에 따라 다진 마늘 1작은술과
라임즙을 더하면 맛이 훨씬 풍부해집니다.

YOU NEED

타이고추 또는 청양고추 4개 • 피시소스 1컵

HOW TO MAKE

1 타이고추는 둥근 모양을 살려 얇게 썰어요. 빨간색이든 초록색이든 상관없어요. 타이고추가 없다면 청양고추로 대신해도 괜찮습니다.

2 병에 피시소스와 타이고추를 넣고 5~10초 정도 흔들어 섞은 후 사용하세요.

Flavorful Infused Vinegars

 식초 레시피는 16oz(약 500㎖)를 기준으로 합니다.

13

Infused Vinegars

Blueberry Vinegar • Lemon Rosemary Vinegar • Pineapple Vinegar • Banana Vinegar • Tarragon Vinegar

블루베리 식초

Blueberry Vinegar

―

달콤하면서 새콤한 맛을 내는 블루베리 식초는 여름 샐러드에 매우 잘 어울리는 드레싱이기도 해요. 오래 두고 쓰려면 숙성시킨 다음 블루베리는 면포에 걸러 내고 사용하세요.

YOU NEED

화이트 와인 식초 1 ½컵(향이 약한 식초는 모두 사용 가능) • 메이플 슈가 2큰술 • 블루베리 1컵

HOW TO MAKE

1 화이트 와인 식초와 메이플 슈가를 냄비에 넣고 설탕 결정이 완전히 녹을 때까지 약한 불에 녹입니다. 끓이는 게 아니라 따뜻하게 데우는 정도로만 가열하면 됩니다.

2 소독한 병에 블루베리를 담고 1을 부어 밀봉한 다음 3~4일 정도 냉장고 안에서 숙성시킵니다.

3 숙성시킨 식초를 면포에 거른 다음 냉장 보관해 두고 사용합니다.

레몬 로즈메리 식초

Lemon Rosemary Vinegar

—

상큼하고 신선한 향과 맛 덕에 생선이나 고기 요리에 잘 어울립니다.
허브는 타임, 바질 등 다른 종류로 대체해도 됩니다.

YOU NEED

화이트 와인 식초 1½컵 • 메이플 슈가 1큰술 • 레몬 1개 • 로즈메리 3~4줄기

HOW TO MAKE

1 식초와 메이플 슈가를 냄비에 넣고 설탕 결정이 완전히 녹을 때까지 약한 불에 녹입니다.

2 레몬은 베이킹소다와 식초를 이용해 깨끗이 닦은 다음 껍질을 잘게 잘라줍니다.

3 소독한 병에 1과 잘게 썬 레몬 껍질, 로즈메리를 담고 밀봉한 다음 3~4일 동안 냉장고 안에서 숙성시킵니다.

4 숙성시킨 식초를 면포에 거른 다음 냉장 보관해 두고 사용합니다.

파인애플 식초

Pineapple Vinegar

―

파인애플의 달콤한 맛과 향이 더해진 식초입니다.
식초가 필요한 여러 가지 요리에 쓰거나 탄산수를 섞어 음료로 즐깁니다.

YOU NEED

화이트 와인 식초 1 ½컵 • 코코넛 슈가 ¼컵 • 파인애플 1토막 •
정향(생략 가능) 1~2개

HOW TO MAKE

1 식초와 코코넛 슈가를 소독한 병에 담고 설탕 결정이 완전히 녹을 때까지 고루 저어줍니다.
2 파인애플은 껍질을 벗긴 후 적당한 크기로 잘라 주세요. 파인애플은 과육뿐 아니라 심지도 같이 사용합니다.
3 파인애플과 정향을 1에 담고 밀봉한 다음 1~2주가량 어둡고 서늘한 곳에 보관해주세요.
4 숙성시킨 식초를 면포에 거른 다음 냉장 보관해 두고 사용합니다.

바나나 식초

Banana Vinegar

―

한때 다이어터들 사이에 인기를 끌었던 바나나 식초입니다. 딱히 바나나 식초여서 다이어트에 효과가 있는 게 아니라 식초에 들어있는 구연산, 아세트산, 아미노산 자체가 지방을 태우고 노폐물 배출을 돕는답니다.

YOU NEED

화이트 와인 식초 1컵 • 코코넛 슈가 1큰술 • 바나나 1개 • 시나몬 스틱 1개

HOW TO MAKE

1 냄비에 식초와 코코넛 슈가를 넣고 설탕이 완전히 녹을 때까지 약한 불에서 녹입니다.

2 병에 나머지 재료와 **1**을 붓고 밀봉한 다음 **3~4**일 정도 냉장고 안에서 숙성시킵니다.

3 숙성시킨 식초를 면포에 거른 다음 냉장 보관해 두고 사용합니다.

타라곤 식초

Tarragon Vinegar

—

타라곤 식초는 감자 샐러드와 근사하게 어울립니다.
구운 감자에 타라곤 식초와 소금을 살짝 뿌려 먹어도 맛이 그만이에요.

YOU NEED

샴페인 식초 1 ½컵 • 메이플 슈가 1작은술 • 타라곤 5줄기(타임, 로즈메리 등 다른 허브로 대체 가능) • 통후추 ¼작은술 • 셀러리 ½작은술 • 마늘 1쪽

HOW TO MAKE

1 냄비에 식초와 메이플 슈가를 넣고 설탕 결정이 완전히 녹을 때까지 약한 불에서 녹입니다.

2 소독한 병에 나머지 재료와 1을 붓고 밀봉한 다음 3~4일 정도 냉장고 안에서 숙성시킵니다.

3 숙성시킨 식초를 면포에 거른 다음 냉장 보관해 두고 사용합니다.

NEW YORK STYLE
BOTTLE COOKING

초판 1쇄 발행 2018년 4월 23일

지은이 | 오영제 Young Jei Oh

펴낸이 | 박현주
디자인 | 정보라
사진 | 권보준 Bojune Kwon
마케팅 | 유인철
인쇄 | 미래피앤피

펴낸 곳 | ㈜아이씨티컴퍼니
출판 등록 | 제2016-000132호
주소 | 서울시 강남구 논현로20길 4-36, 202호
전화 | 070-7623-7022
팩스 | 02-6280-7024
이메일 | book@soulhouse.co.kr

ISBN | 979-11-88915-03-3 13590

ⓒ 2018, 오영제 Young Jei Oh

이 책은 저작권법에 따라 보호받는 저작물이므로 본사의 허락 없이는 무단 복제와 무단 전재를 금합니다.
잘못된 책은 구입하신 서점에서 바꾸어 드립니다.